IMPARARE A DISEGNARE
CORSO DI DISEGNO BASE: dalla A alla Z
Copyright © Giuseppe Lombardi
www.fattidisegnare.com

Tutti i diritti riservati.
La violazione dei diritti riservati può comportare sanzioni legali e quindi se si vuole utilizzare il contenuto del libro protetto da diritti d'autore è necessario ottenere il permesso dall'autore o dal proprietario del copyright."

All rights reserved. Violation of reserved rights may result in legal sanctions, and therefore, if you wish to use the content of the book protected by copyright, it is necessary to obtain permission from the author or the copyright owner.

Todos los derechos reservados. La violación de los derechos reservados puede conllevar sanciones legales y, por lo tanto, si se desea utilizar el contenido del libro protegido por derechos de autor, es necesario obtener permiso del autor o del propietario del copyright.

Tous droits réservés. La violation des droits réservés peut entraîner des sanctions légales et donc, si vous souhaitez utiliser le contenu du livre protégé par le droit d'auteur, il est nécessaire d'obtenir la permission de l'auteur ou du propriétaire du copyright.

Все права защищены. Нарушение защищенных прав может повлечь за собой юридические санкции, и поэтому, если вы хотите использовать содержание книги, защищенной авторским правом, необходимо получить разрешение от автора или владельца авторских прав.

IMPARARE A DISEGNARE
CORSO DI DISEGNO BASE: Dalla A alla Z

INDICE

Intro ———————————————————————— 5

Capitolo 1: introduzione al disegno ——————— 6
1.1 Materiali di base
- Introduzione agli strumenti di disegno: matite, gomme, temperamatite, carta.
- Importanza della postura e dell'illuminazione.

1.2 Linee e forme di base ————————————————— 8
- Esercizi di tracciamento delle linee rette e curve.
- Disegno di forme geometriche semplici (cerchi, quadrati, triangoli).

1.3 Controllo della mano ————————————————— 11
- Esercizi di precisione: tratteggi e ombreggiature.
- Disegno di forme ripetitive per migliorare il controllo.

Capitolo 2: osservazione e proporzioni ——————— 14
2.1 L'osservazione attiva
- Imparare a osservare i dettagli.
- Esercizi di disegno dal vero: oggetti semplici.

2.2 Le proporzioni ———————————————————— 16
- Studio delle proporzioni nelle forme base.
- Esercizi su come misurare e trasporre le proporzioni sul foglio.

2.3 La griglia e il metodo dei quadretti —— 20
- Utilizzo della griglia per mantenere le proporzioni.
- Esercizi di trasposizione di un'immagine usando una griglia.

Capitolo 3: luci e ombre —— 23
3.1 Teoria della luce e dell'ombra
- Come la luce interagisce con gli oggetti.
- Tipi di ombre: ombre proprie e ombre portate.

3.2 Ombreggiatura di forme semplici —— 25
- Tecniche di sfumatura e tratteggio.
- Esercizi pratici su forme geometriche.

3.3 Volume e profondità —— 28
- Creare l'illusione della tridimensionalità.
- Disegno di oggetti complessi con luci e ombre.

Capitolo 4: prospettiva —— 32
4.1 Prospettiva lineare
- Concetti base della prospettiva (punto di fuga, linea dell'orizzonte).
- Disegno di forme in prospettiva a un punto.

4.2 Prospettiva a due punti —— 34
- Applicazione della prospettiva a due punti.
- Disegno di oggetti più complessi e ambienti.

4.3 Prospettiva atmosferica —— 39
- Utilizzo dei valori tonali per creare profondità.
- Esercizi pratici con paesaggi.

Capitolo 5: disegno di oggetti e natura morta _____ 43
5.1 Disegno di oggetti quotidiani
- Studio delle texture e dei dettagli.
- Esercizi su oggetti di uso quotidiano.

5.2 Composizione di una natura morta _____ 45
- Composizione e bilanciamento degli elementi.
- Disegno di una natura morta con vari oggetti.

5.3 Colore in natura morta _____ 48
- Introduzione ai colori e alle tecniche di colorazione.
- Utilizzo del colore per migliorare il disegno.

Capitolo 6: disegno del corpo umano _____ 49
6.1 Anatomia di base
- Proporzioni del corpo umano.
- Disegno di figure stilizzate.

6.2 Studio delle parti del corpo _____ 57
- Disegno delle mani, dei piedi, del viso.
- Esercizi pratici per ogni parte del corpo.

6.3 Figure in movimento _____ 68
- Disegno di pose dinamiche.
- Studio del movimento e del bilanciamento.

Intro

Il disegno è una forma d'arte che ha il potere di trasformare il modo in cui vediamo il mondo. Attraverso lo studio delle linee, delle forme, delle ombre e delle proporzioni, impariamo a osservare con attenzione ciò che ci circonda e a tradurre le nostre percezioni in immagini visive. Ogni capitolo di questo libro è stato attentamente strutturato per affrontare un aspetto specifico del disegno, partendo dagli strumenti essenziali e proseguendo con tecniche più sofisticate, come la prospettiva e il disegno del corpo umano.

Nel primo capitolo, ti immergerai nell'esplorazione dei materiali di base e delle tecniche fondamentali. Successivamente, affronterai esercizi che ti aiuteranno a migliorare il controllo della mano e a sviluppare un occhio attento per le proporzioni e i dettagli. Con l'avanzare del libro, scoprirai come creare volume e profondità nei tuoi disegni, utilizzando luce e ombra per rendere realistiche le tue opere.

Immergiti in questo viaggio creativo con curiosità e passione, sapendo che ogni tratto, ogni linea e ogni ombra rappresentano un passo avanti nel tuo cammino artistico.

Buona lettura e buon disegno!

Capitolo 1: introduzione al disegno

1.1 Materiali di base

Introduzione agli strumenti di disegno

Matite

Le matite sono lo strumento principale per il disegno.

Esistono diverse gradazioni che indicano la durezza o la morbidezza della mina:

- H (Hard) sono le matite dure (H, 2H, 3H, ecc.), producono linee più chiare e sottili, sono ideali per disegni dettagliati e linee guida leggere;
- B (Black) sono le matite morbide (B, 2B, 3B, ecc.), producono linee scure e intense, sono perfette per ombreggiature e disegni più espressivi;
- HB sono una via di mezzo tra H e B, buone per il disegno generale.

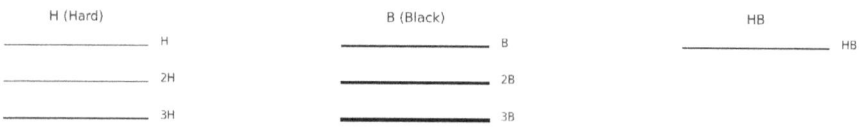

Gomme

Le gomme sono essenziali per correggere errori e creare effetti di luce:
- la gomma normale è ideale per cancellare grandi aree;
- la gomma pane è molto flessibile e perfetta per rimuovere delicatamente la grafite senza danneggiare la carta.

Temperamatite
Un buon temperamatite mantiene le matite affilate, permettendo linee precise e dettagliate. Esistono temperamatite manuali e elettrici.

Carta
La scelta della carta può influenzare molto il risultato finale:
- la carta da schizzo è generalmente più leggera, ideale per disegni preliminari;
- la carta da disegno è più pesante e con una texture che trattiene meglio la grafite, perfetta per lavori finiti.

Importanza della postura e dell'illuminazione
Postura
Una buona postura previene dolori e affaticamenti durante il disegno. Ecco alcuni consigli:
- seduta corretta con schiena dritta e piedi appoggiati a terra.
- le braccia devono essere rilassate e i gomiti a livello del tavolo.

Illuminazione
Una buona illuminazione riduce l'affaticamento degli occhi e migliora la visibilità del lavoro:
- la luce naturale proveniente da una finestra è l'ideale, preferibilmente di lato rispetto alla mano dominante per evitare ombre sul foglio;
- la luce artificiale proveniente da una lampada da tavolo a luce bianca e posizionata in modo che non crei riflessi o ombre fastidiose.

1.2 Linee e forme di base

Questa sezione è essenziale per sviluppare la padronanza delle linee e delle forme di base. La pratica costante di questi esercizi ti aiuterà a migliorare il controllo della mano e la precisione, fondamentali per le prossime sezioni.

Esercizi di tracciamento delle linee rette e curve

Linee rette

Tracciare linee rette può sembrare semplice, ma richiede controllo della mano e precisione.

Ecco alcuni esercizi per fare pratica.

- Linee parallele

Disegna diverse linee parallele mantenendo la stessa distanza tra loro. Inizia con linee brevi e aumenta gradualmente la lunghezza.

- Griglia di linee

Crea una griglia disegnando linee orizzontali e verticali.

Questo esercizio ti aiuta a migliorare la precisione e il controllo.

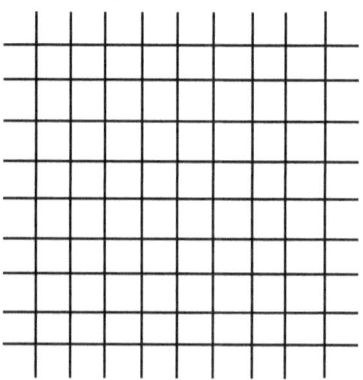

Linee curve

Le linee curve richiedono flessibilità e fluidità di movimento.
Ecco alcuni esercizi.

- Linee ondulate

Disegna linee ondulate, cercando
di mantenere un ritmo e una fluidità costanti.

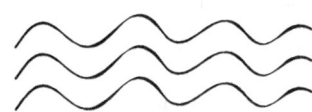

- Cerchi concentrici

Disegna cerchi concentrici, partendo da
un piccolo cerchio al centro e aumentando
gradualmente la dimensione dei cerchi esterni,
cerca di mantenere sempre la stessa distanza.

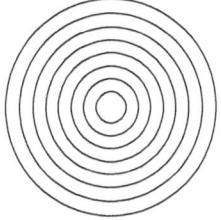

Disegno di forme geometriche semplici
Cerchi

Disegnare cerchi perfetti a mano libera può essere difficile, ma con la pratica
diventa più facile.
Ecco alcuni suggerimenti.

- Punti di riferimento

Disegna leggeri punti di riferimento a
forma di croce per aiutarti a mantenere
la simmetria del cerchio.

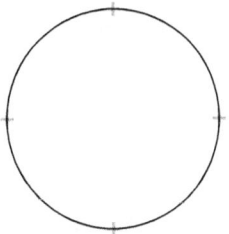

- Movimento fluido

Usa un movimento fluido del polso per tracciare il cerchio, mantenendo la mano
rilassata.

Quadrati

I quadrati richiedono precisione e controllo delle linee rette.
Ecco come disegnarli.

- Tracciare i lati
Disegna quattro lati di uguale lunghezza
mantenendo gli angoli di 90 gradi.

- Verifica della simmetria
Controlla che tutti i lati siano uguali e che gli angoli siano retti, utilizzando una riga se necessario.

Triangoli

I triangoli sono utili per praticare il disegno di linee rette e angoli.
Ecco come disegnarli.

- Triangolo equilatero
Disegna un triangolo equilatero con tre lati
di uguale lunghezza.
Inizia con la base e poi traccia
i due lati rimanenti.

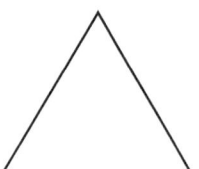

- Triangolo isoscele
Disegna un triangolo isoscele con due lati
di uguale lunghezza. La base sarà diversa.

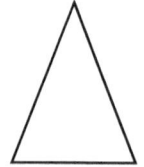

1.3 Controllo della mano

Questi esercizi sono cruciali per sviluppare il controllo della mano, la precisione e la fluidità nel disegno. Praticandoli regolarmente, migliorerai le abilità nel creare linee e ombre precise, fondamentali per progredire nelle tecniche di disegno più avanzate.

Esercizi di precisione: tratteggi e ombreggiature

Tratteggi

Il tratteggio è una tecnica fondamentale nel disegno per creare texture e ombre. Ecco alcuni esercizi per praticarlo.

- Tratteggio lineare
Disegna una serie di linee parallele
per creare un'area omogenea.
Le linee dovrebbero essere ravvicinate
e uniformi.

- Tratteggio incrociato
Sovrapponi serie di linee parallele
che si incrociano per creare un'ombra
più scura. Puoi utilizzare angolazioni
diverse per intensificare l'effetto.

- Tratteggio a onde
Disegna linee ondulate parallele per
un effetto di ombreggiatura più morbido.
Questa tecnica è utile per creare
texture organiche.

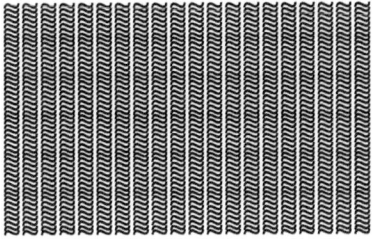

Ombreggiature

Le ombreggiature aiutano a dare profondità e volume ai disegni. Ecco alcuni esercizi.

- Gradiente di ombra

Disegna un rettangolo e crea un gradiente uniforme dal nero al bianco utilizzando una tecnica di tratteggio o sfumatura.

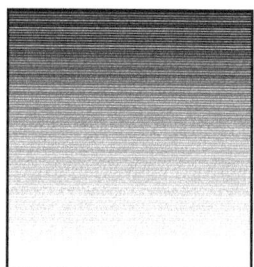

- Ombreggiatura di una sfera

Disegna una sfera e pratica l'ombreggiatura per creare l'illusione della tridimensionalità.
Identifica la fonte di luce e disegna ombre proprie e ombre portate.

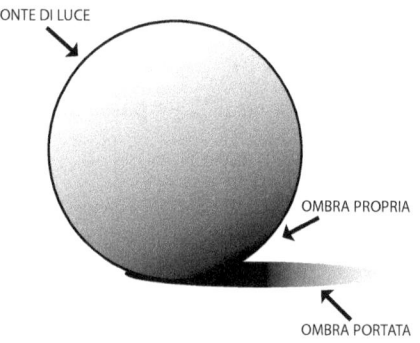

Disegno di forme ripetitive per migliorare il controllo

Disegnare forme ripetitive è un ottimo esercizio per migliorare il controllo della mano e la precisione.

- Spirali

Disegna spirali concentriche, mantenendo una distanza uniforme tra le linee.
Questo esercizio aiuta a sviluppare la fluidità del movimento.

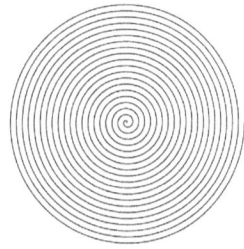

- Motivi geometrici
Disegna una griglia e riempi ogni quadrato con un motivo geometrico ripetitivo, come cerchi, triangoli o quadrati.

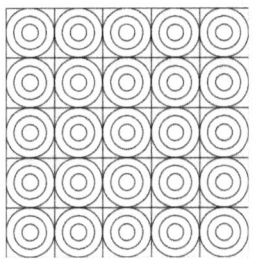

- Disegno di ellissi
Disegna una serie di ellissi di diverse dimensioni, mantenendo una forma simmetrica e una distanza costante tra di esse.

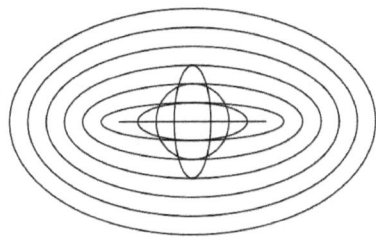

- Ondulazioni parallele
Disegna linee ondulate parallele, mantenendo una distanza uniforme tra le linee.
Questo esercizio aiuta a sviluppare il controllo e la coordinazione.

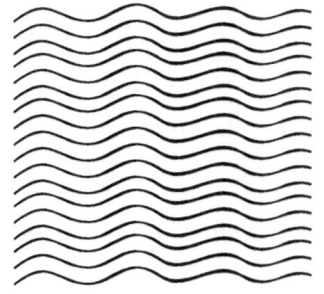

Capitolo 2: osservazione e proporzioni

2.1 L'osservazione attiva

L'osservazione attiva è una competenza cruciale per migliorare le abilità di disegno. Imparare a vedere e interpretare i dettagli in modo accurato aiuta a riprodurre ciò che si vede con maggiore fedeltà.

Imparare a osservare i dettagli

- Analizzare la forma e la struttura

Inizia osservando attentamente la forma generale dell'oggetto. Cerca di identificare le forme geometriche di base che lo compongono (cerchi, rettangoli, triangoli).

Esercizio: prendi un frutto, come una mela, e cerca di visualizzare le forme geometriche che compongono la sua struttura.

1. Inizia disegnando la forma di base del frutto (un cerchio leggermente irregolare ecc...).
2. Aggiungi le venature, il picciolo e le eventuali imperfezioni sulla superficie.

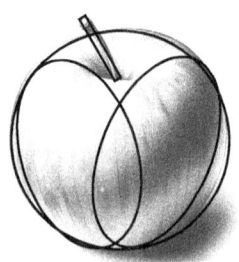

- Osservare le proporzioni

Studia le proporzioni relative tra le parti dell'oggetto. Ad esempio, nota come le dimensioni di una parte si rapportano con un'altra.

Esercizio: osserva una tazzina da caffè e nota le proporzioni tra l'altezza e la larghezza, tra il manico e il corpo della tazza.

1. Disegna un ovale per rappresentare
il bordo superiore della tazza.
2. Aggiungi le linee verticali per i lati
e un altro ovale per la base.
3. Disegna il manico, osservando attentamente
la sua forma e il punto in cui si collega alla tazza.

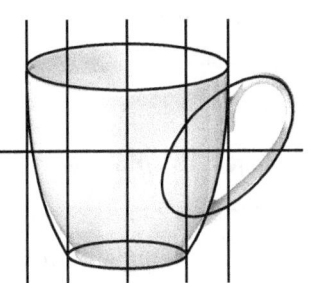

- Notare i dettagli

Dopo aver delineato le forme di base e le proporzioni, è importante che concentri la tua attenzione sui dettagli più piccoli, come texture, ombre e riflessi.

Esercizio: prendi una foglia e studia
le venature, i bordi e le variazioni di colore.
1. Inizia disegnando la forma di base della foglia,
osservando attentamente i contorni.
2. Aggiungi la nervatura principale
e le nervature secondarie.

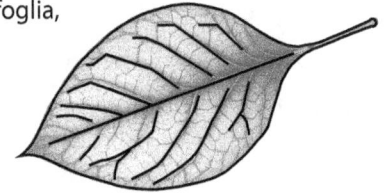

Gli esercizi di disegno dal vero non solo migliorano le abilità tecniche, ma anche la capacità di vedere e interpretare il mondo con maggiore precisione. Praticando regolarmente, imparerai ad osservare e a catturare dettagli che potrebbero altrimenti sfuggire.

2.2 Le proporzioni
Studio delle proporzioni nelle forme base

Capire e rispettare le proporzioni è fondamentale per creare disegni realistici e bilanciati. Le proporzioni si riferiscono alle dimensioni relative delle parti di un oggetto rispetto all'intero. Attraverso esercizi pratici di misurazione e trasposizione, imparerai a vedere e a rappresentare accuratamente le dimensioni relative degli oggetti. Queste competenze sono essenziali per tutti i tipi di disegno, dai ritratti ai paesaggi, e costituiscono una base solida per gli step successivi.

Proporzioni nelle forme geometriche
- Cerchio

Un cerchio ha proporzioni uniformi in tutte le direzioni, il che significa che il diametro è sempre lo stesso, indipendentemente da dove si misura.
Esercizio: disegna un cerchio e verifica le sue proporzioni misurando con il righello il diametro in diverse direzioni.

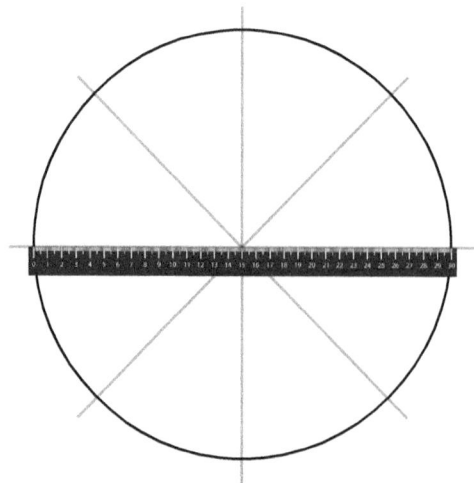

- Rettangolo

Un rettangolo ha due dimensioni principali: lunghezza e larghezza.

Le proporzioni si riferiscono al rapporto tra queste due dimensioni.

Esercizio: disegna rettangoli con rapporti di proporzione diversi (ad esempio, 1:2, 2:3, 3:4).

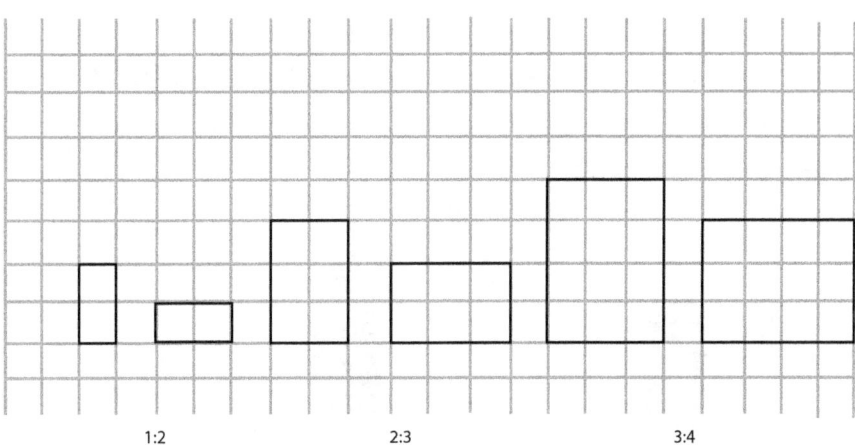

- Triangolo

Le proporzioni di un triangolo dipendono dalla lunghezza dei suoi lati. Nei triangoli equilateri, tutti i lati hanno la stessa lunghezza. Nei triangoli isosceli, due lati sono uguali, mentre nel triangolo scaleno, tutti i lati sono diversi.

Esercizio: disegna diversi tipi di triangoli e studia le proporzioni tra i loro lati.

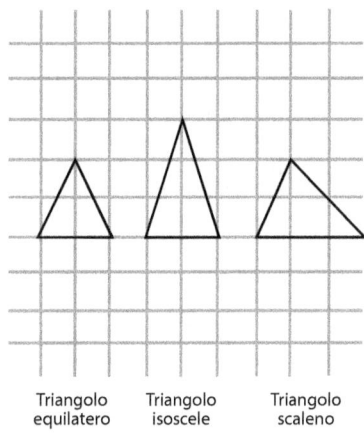

Esercizi su come misurare e trasporre le proporzioni sul foglio

- Misurazione con la matita

Utilizza una matita per misurare le proporzioni. Tieni la matita a distanza di braccio, chiudi un occhio e allinea la parte superiore della matita con la parte superiore dell'oggetto. Usa il pollice per segnare la base dell'oggetto sulla matita. Questo ti darà una misura di riferimento.

Esercizio: prendi un oggetto semplice, come una bottiglia, e misura l'altezza e la larghezza con la matita (Fig.1). Trasferisci queste misure sul foglio per mantenere le proporzioni corrette (Fig.2).

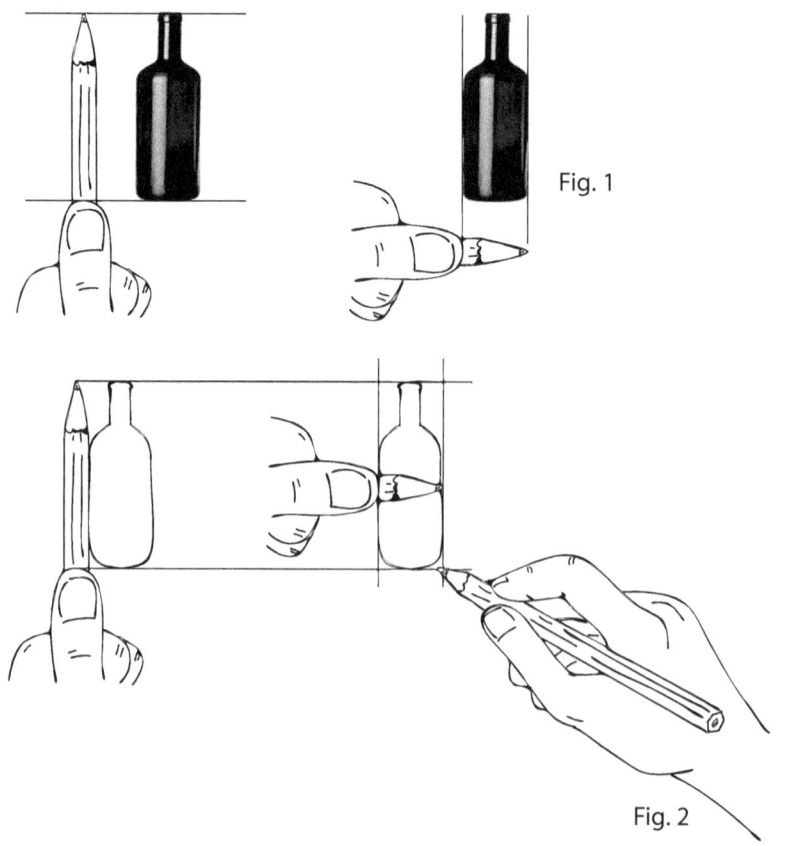

Fig. 1

Fig. 2

- Comparazione visiva

Usa parti dell'oggetto come unità di misura per altre parti dell'oggetto. Ad esempio, nota quante volte la larghezza di un oggetto si adatta alla sua altezza.

Esercizio: osserva un oggetto complesso, come una sedia. Nota quante volte l'altezza dello schienale si adatta all'altezza totale della sedia (Fig. 1).

Disegna la sedia mantenendo queste proporzioni (Fig. 2).

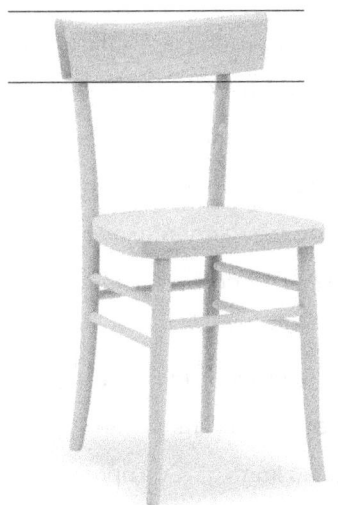

Fig. 1

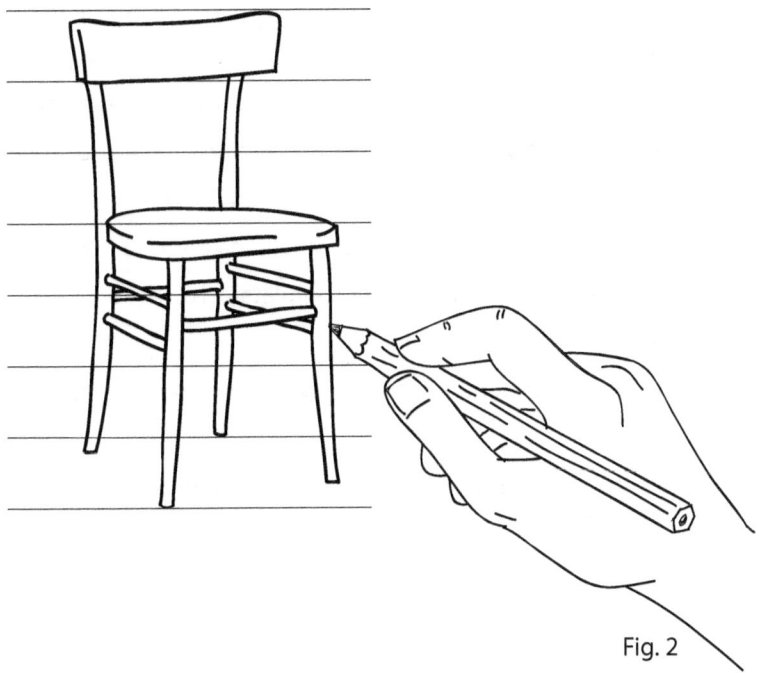

Fig. 2

2.3 La griglia e il metodo dei quadretti

Utilizzo della griglia per mantenere le proporzioni

Il metodo della griglia è una tecnica efficace per trasferire le proporzioni di un'immagine in modo accurato. Consiste nel suddividere l'immagine originale e il foglio da disegno in una serie di quadrati uguali, utilizzando queste griglie come guida per riportare l'immagine sul foglio.

Praticando regolarmente questo metodo, svilupperai un occhio più acuto per i dettagli e le proporzioni, che ti aiuterà a migliorare in tutte le forme di disegno.

Passaggi per creare e utilizzare una griglia

- Preparazione dell'immagine

1. Scegli un'immagine da riprodurre.
2. Disegna una griglia sull'immagine originale. Puoi usare una matita leggera. (Fig.1).

- Preparazione del foglio da disegno

1. Disegna una griglia corrispondente sul tuo foglio da disegno, assicurandoti che il numero di quadrati e le proporzioni siano le stesse dell'immagine originale (Fig.2).
2. Utilizza una matita per tracciare la griglia sul foglio da disegno in modo da poter cancellare facilmente le linee dopo aver completato il disegno.

- Trasposizione dell'immagine

1. Confronta i quadrati corrispondenti tra l'immagine originale e il foglio da disegno.
2. Disegna ciò che vedi in ogni quadrato, prestando attenzione ai dettagli e alle proporzioni (Fig.3).

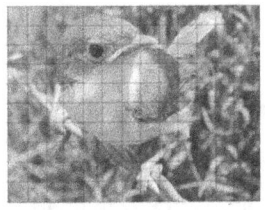 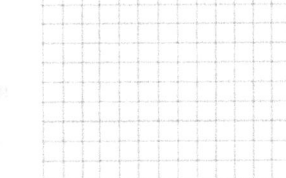 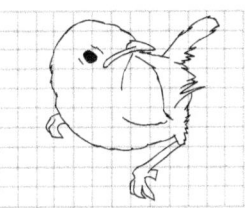

Fig. 1　　　　　Fig. 2　　　　　Fig. 3

Esercizi di trasposizione di un'immagine usando una griglia

Ritratto semplice

- Scegliere l'immagine

1. Seleziona un ritratto semplice di un volto umano.
2. Disegna una griglia sull'immagine originale (ad esempio, 1 cm x 1 cm quadrati) (Fig.1).

- Preparare il foglio da disegno

1. Disegna una griglia corrispondente sul foglio da disegno. Assicurati sempre che i quadrati abbiano le stesse dimensioni e lo stesso numero dell'immagine originale (Fig.2).

- Trasporre l'immagine

1. Inizia a copiare l'immagine quadrato per quadrato, prestando attenzione alle linee e ai dettagli in ogni quadrato.
2. Completa il disegno assicurandoti che le proporzioni siano corrette (Fig.3).

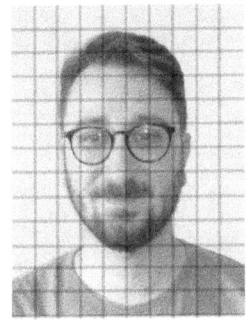  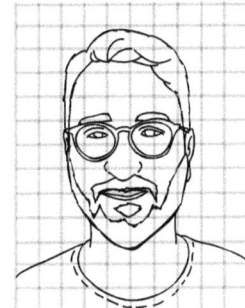

Fig. 1　　　　　Fig. 2　　　　　Fig. 3

Paesaggio

- Scegliere l'immagine

1. Seleziona un paesaggio semplice, come una montagna o una scena di campagna.
2. Disegna una griglia sull'immagine originale (ad esempio, 2 cm x 2 cm quadrati) (Fig. 1).

- Preparare il foglio da disegno

1. Disegna una griglia corrispondente sul foglio da disegno, con la stessa scala dell'immagine originale (Fig.2).

- Trasporre l'immagine

1. Copia il paesaggio quadrato per quadrato, osservando attentamente la posizione delle linee, delle forme e dei dettagli.
2. Completa il disegno verificando le proporzioni complessive (Fig 3).

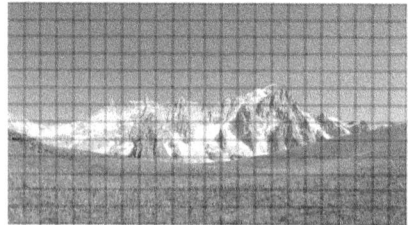

Fig. 1

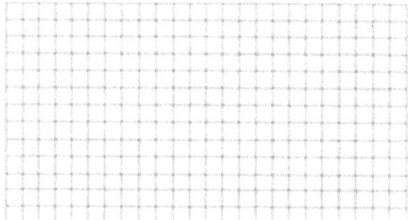

Fig. 2

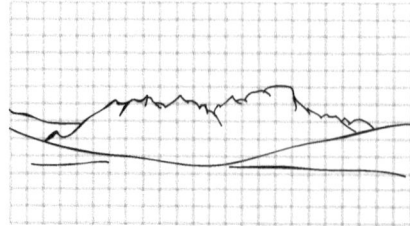

Fig. 3

Capitolo 3: luci e ombre

3.1 Teoria della luce e dell'ombra

La comprensione della teoria della luce e dell'ombra è fondamentale per creare disegni realistici e suggestivi. Questa parte si concentrerà sui concetti di base relativi alla luce e all'ombra e su come influenzano gli oggetti.

Con una conoscenza approfondita della teoria della luce e dell'ombra, gli artisti possono rendere i loro disegni più vividi e tridimensionali, aggiungendo profondità e realismo.

Come la luce interagisce con gli oggetti

- Fonti di luce

La luce può provenire da diverse fonti, come il sole, una lampada o una candela. Ogni fonte ha un'intensità e una direzione diverse, che influenzano l'aspetto delle ombre.

- Riflessione e assorbimento

Quando la luce colpisce un oggetto, può essere riflessa, assorbita o trasmessa. Gli oggetti opachi assorbono la luce e creano ombre, mentre gli oggetti trasparenti possono trasmettere la luce attraverso di essi.

La riflessione, l'assorbimento e la trasmissione della luce sono concetti fondamentali che influenzano notevolmente la percezione visiva.

- Direzione della luce

La direzione della luce determina la disposizione delle ombre e degli highlights su un oggetto. La luce diretta frontalmente può creare meno ombre visibili, mentre la luce proveniente da un'angolazione laterale può produrre ombre più definite.

Tipi di ombre: ombre proprie e ombre portate

- Ombre proprie

Le ombre proprie sono generate dall'oggetto stesso quando la luce è bloccata o parzialmente bloccata dall'oggetto stesso.

Le ombre proprie possono variare in intensità, a seconda della luminosità della fonte luminosa e del contrasto tra l'oggetto e la superficie su cui si proiettano.

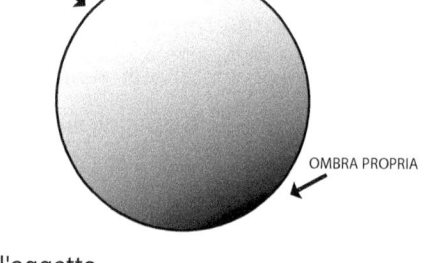

- Ombre portate

Le ombre portate sono create quando la luce è bloccata dall'oggetto e proietta un'ombra su una superficie circostante.

Le ombre portate possono essere più lunghe o più corte a seconda della distanza tra l'oggetto e la superficie su cui si proiettano.

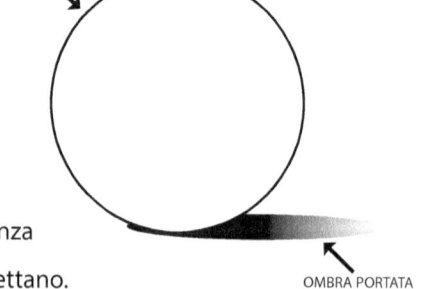

3.2 Ombreggiatura di forme semplici

Tecniche di sfumatura e tratteggio

La capacità di ombreggiare le forme semplici è essenziale per creare un senso di profondità e volume nei disegni. Questa parte si concentrerà su tecniche di sfumatura e tratteggio che possono essere utilizzate per aggiungere ombreggiature realistiche alle forme geometriche.
La pratica regolare di queste tecniche su forme geometriche fornirà una base solida per l'ombreggiatura di oggetti più complessi in futuro.

Sfumatura e tratteggio

- Sfumatura uniforme
Questa tecnica prevede l'applicazione uniforme di toni di grigio su un'area per creare un effetto di transizione graduale dalla luce all'ombra.
Utilizza una matita morbida o un bastoncino di grafite per applicare toni più scuri nelle aree in ombra e toni più chiari nelle aree illuminate.

- Sfumatura a punti
Questa tecnica prevede l'applicazione di una serie di piccoli punti per creare un effetto di sfumatura graduale.
Varia la densità dei punti per creare un'ombreggiatura più o meno intensa.

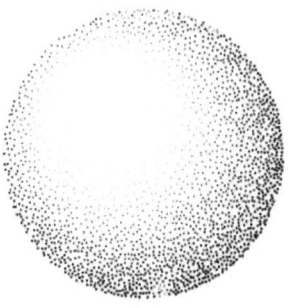

- Tratteggio lineare
Questa tecnica prevede l'applicazione di linee parallele o incrociate per creare ombre e texture.
Varia la lunghezza, lo spessore e l'orientamento delle linee per ottenere effetti diversi.

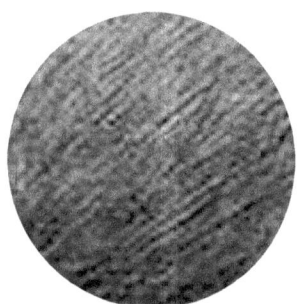

Esercizi pratici su forme geometriche

- Ombreggiatura di un cubo
1. Disegna un cubo su un foglio di carta (Fig. 1).
2. Utilizza le tecniche di sfumatura e/o tratteggio per creare un effetto di ombreggiatura realistico sul cubo (Fig.2).
3. Concentrati sull'identificare le aree in ombra e quelle illuminate e sull'applicare le tecniche di ombreggiatura di conseguenza.

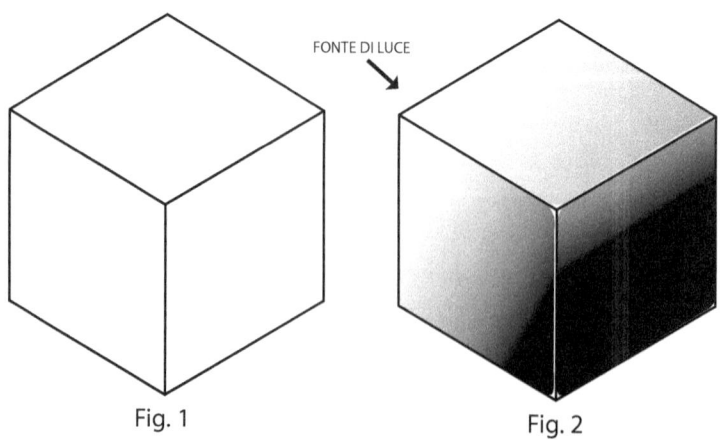

Fig. 1   Fig. 2

Ombreggiatura di una sfera

1. Disegna una sfera su un foglio di carta (Fig.1).

2. Utilizza le tecniche di sfumatura e/o tratteggio per creare un effetto di ombreggiatura realistico sulla sfera (Fig.2).

3. Prendi in considerazione la direzione della luce e concentra l'ombreggiatura sulle aree in cui la luce non colpisce direttamente.

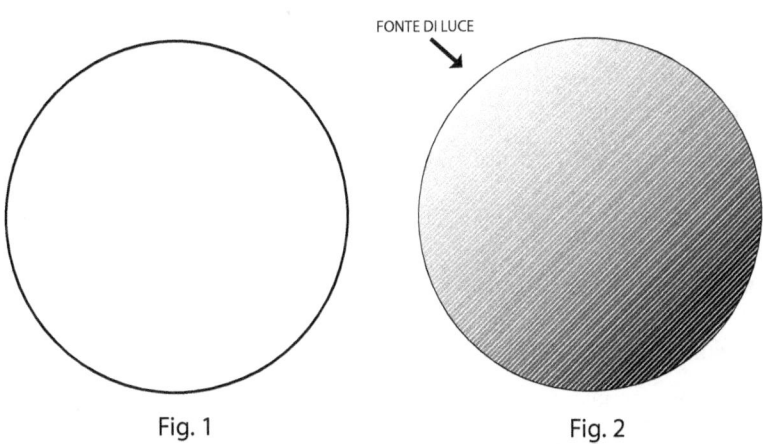

Fig. 1   Fig. 2

3.3 Volume e Profondità

Creare l'illusione della tridimensionalità

Per rendere i disegni più realistici e dare loro un senso di profondità, è fondamentale comprendere come creare l'illusione della tridimensionalità. Utilizzando tecniche di luce e ombra.

Principi di base

- Chiaroscuro

Il chiaroscuro è la tecnica di utilizzare luce e ombra per definire le forme. Le aree illuminate e quelle in ombra creano contrasto e fanno apparire gli oggetti tridimensionali.

- Gradazione tonale

La gradazione tonale si riferisce alla transizione graduale tra luce e ombra. Questa tecnica è essenziale per creare superfici curve e per mostrare il volume.

- Prospettiva

La prospettiva lineare e aerea aiuta a creare l'illusione della profondità nello spazio. La prospettiva lineare si basa sull'uso di linee di fuga, mentre la prospettiva aerea utilizza il cambiamento dei toni e dei colori per suggerire la distanza.

Esercizi pratici

- Cubo

Un cubo può essere disegnato come un quadrato con un trapezio in cima, per dare l'impressione di profondità. Disegna un cubo e utilizza il chiaroscuro per ombreggiarlo. Identifica la fonte di luce e applica ombre coerenti per ogni faccia del cubo.

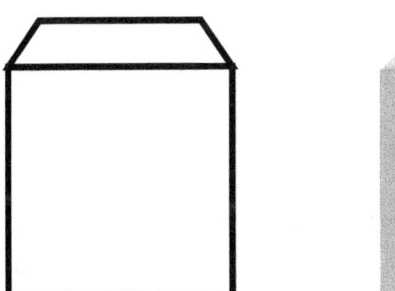 

- Sfera

Una sfera si disegna come un semplice cerchio. Disegna una sfera e pratica la gradazione tonale per creare un'ombreggiatura realistica.

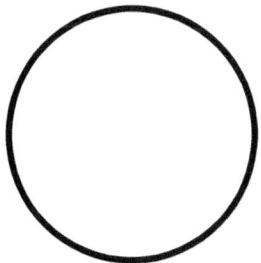 

Disegno di oggetti complessi con luci e ombre
Oggetti complessi

Una volta acquisita una buona comprensione delle forme semplici, è possibile passare a oggetti più complessi. La chiave per disegnare oggetti complessi è suddiverderli in forme geometriche più semplici e applicare le stesse tecniche di luce e ombra.

- Scegli un oggetto complesso, come una tazza o una bottiglia, e applica le tecniche di chiaroscuro e gradazione tonale.

Passaggi per disegnare oggetti complessi

- Analisi delle forme di base

Identifica le forme geometriche di base che compongono l'oggetto complesso. Ad esempio, una tazza può essere suddivisa in un cilindro e un anello (il manico) (Fig. 1).

- Schizzo delle forme di base

Disegna un semplice schizzo delle forme di base per definire la struttura dell'oggetto (Fig. 2).

- Applicazione delle ombre

Identifica la fonte di luce e applica ombre coerenti su ogni parte dell'oggetto. Usa tecniche di chiaroscuro e gradazione tonale per rendere le ombre realistiche. Aggiungi dettagli e rifiniture per completare il disegno. Presta attenzione a come la luce e l'ombra influenzano i dettagli più piccoli (Fig. 3).

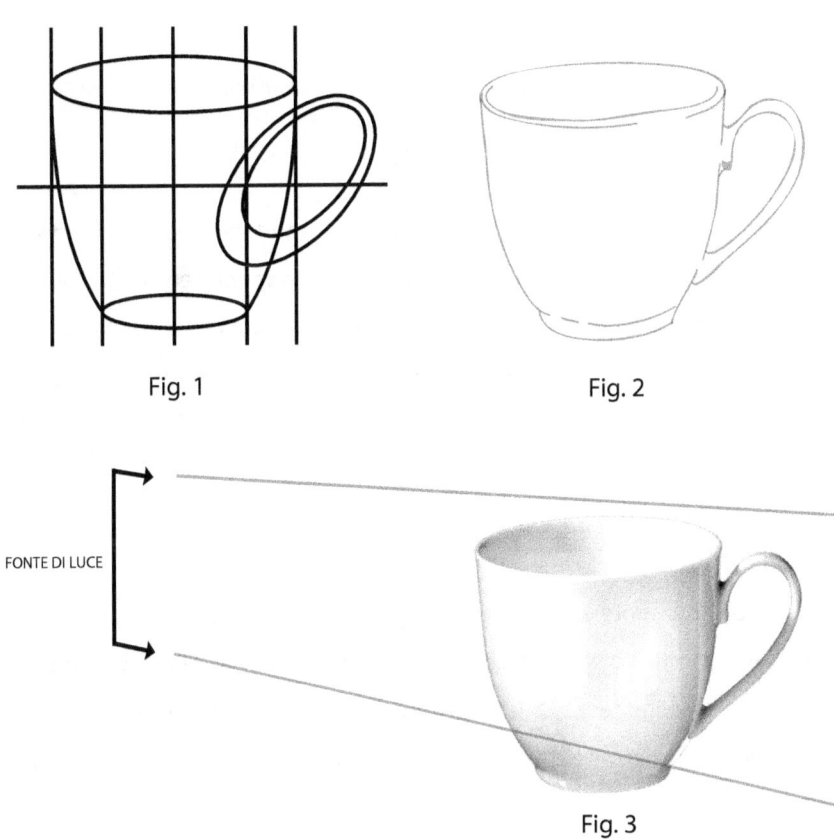

Fig. 1

Fig. 2

FONTE DI LUCE

Fig. 3

Capitolo 4: prospettiva
4.1 Prospettiva lineare
Concetti base della prospettiva (punto di fuga, linea dell'orizzonte)

- Punto di fuga

Il punto di fuga è un concetto cruciale nella prospettiva lineare. In un disegno prospettico, le linee parallele che si estendono nello spazio sembrano convergere verso un punto chiamato punto di fuga. Questo punto rappresenta il punto di vista dell'osservatore o l'infinità lontana verso cui le linee si dirigono. Nella prospettiva a un punto, c'è un singolo punto di fuga su una linea dell'orizzonte immaginaria.

- Linea dell'orizzonte

La linea dell'orizzonte è una linea immaginaria che rappresenta l'occhio dell'osservatore o il livello degli occhi dell'osservatore. In un disegno prospettico, questa linea solitamente attraversa l'immagine orizzontalmente. La posizione della linea dell'orizzonte determina il punto da cui l'osservatore sta guardando la scena.

Nella prospettiva a un punto, la linea dell'orizzonte è parallela al piano del terreno ed è solitamente disegnata all'altezza degli occhi dell'osservatore.

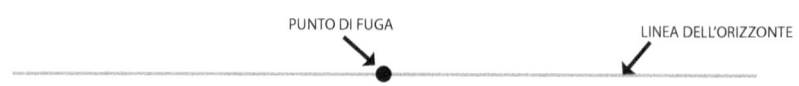

Disegno forme in prospettiva

Disegnare forme in prospettiva a un punto significa rappresentare oggetti tridimensionali su una superficie bidimensionale utilizzando un punto di fuga comune. Questo tipo di prospettiva è spesso usato per creare un senso di profondità in disegni e dipinti. Quando si disegnano forme in prospettiva a un punto, le linee convergono verso il punto di fuga.

Un esempio classico di disegno in prospettiva a un punto è quello di disegnare un cubo in cui tutte le linee partono dal punto di fuga.

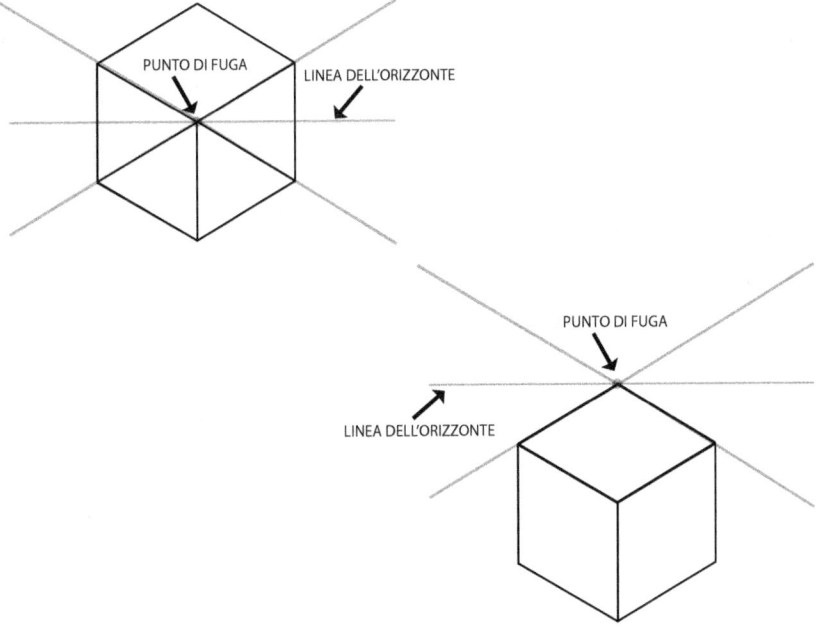

Combinando questi concetti, è possibile creare disegni realistici che danno l'illusione di profondità e spazio su una superficie piatta. Questo è un aspetto fondamentale nell'arte dell'illustrazione, del disegno architettonico e della rappresentazione spaziale in generale.

4.2 Prospettiva a due punti

La prospettiva a due punti è una tecnica fondamentale nel disegno che permette di rappresentare oggetti e ambienti tridimensionali su una superficie bidimensionale, creando un senso di profondità e realismo. In questa parte, approfondiremo l'applicazione pratica della prospettiva a due punti e impareremo a disegnare oggetti più complessi e ambienti dettagliati.

Applicazione della prospettiva a due punti

La prospettiva a due punti si basa su due punti di fuga che si trovano sull'orizzonte. Questi punti di fuga sono utilizzati per disegnare tutte le linee che si dirigono verso l'orizzonte, creando un'illusione di profondità.

- Linea dell'orizzonte
Questa linea rappresenta il livello degli occhi dell'osservatore.
- Punti di fuga
Due punti situati sulla linea dell'orizzonte a cui tutte le linee parallele convergono.

Passo 1: disegnare la linea dell'orizzonte e i punti di fuga
Inizia disegnando una linea orizzontale (linea dell'orizzonte) sul foglio. Posiziona tre punti di fuga su questa linea, uno al centro uno a sinistra e uno a destra e disegna tre linee in verticale che passano sui tre punti di fuga.

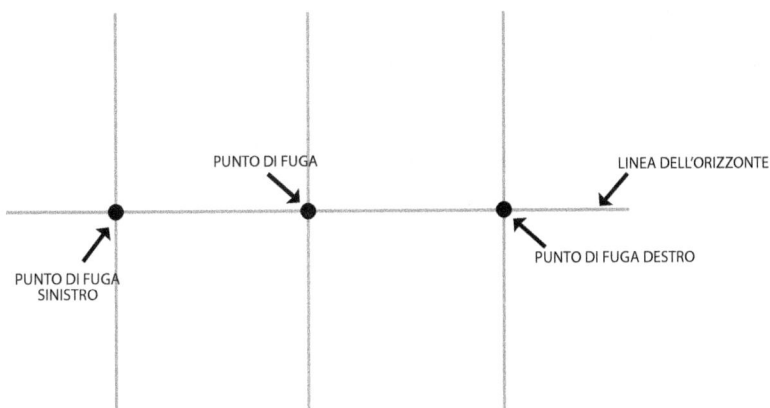

Passo 2: disegnare le linee guida

Disegna le linee guida dal punto di fuga centrale verso le linee verticali dei due punti di fuga, sia verso l'alto che verso il basso.

Poi disegna dai due punti di fuga (destro e sinistro) due linee che convergono vero la linea verticale del punto di fuga centrale.

Queste linee definiranno le dimensioni e la forma dell'oggetto.

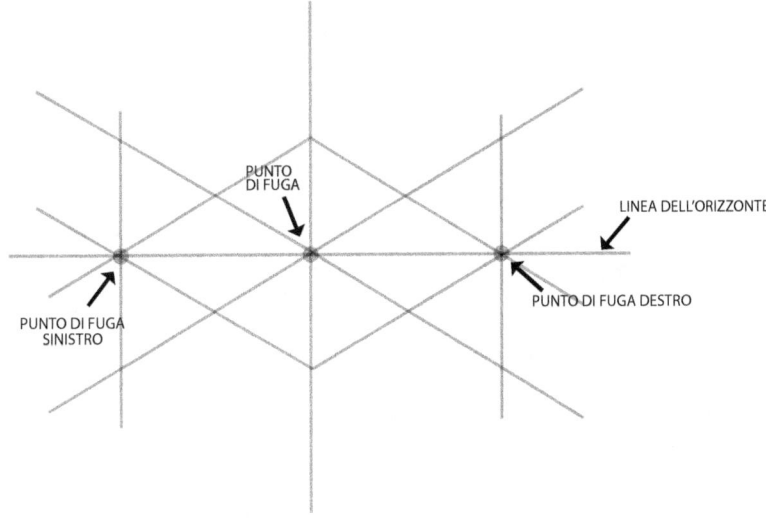

Passo 3: costruire l'oggetto

Utilizza le linee guida per disegnare i contorni dell'oggetto.

Le linee orizzontali dell'oggetto convergono verso uno dei punti di fuga, mentre le linee verticali rimangono parallele tra loro.

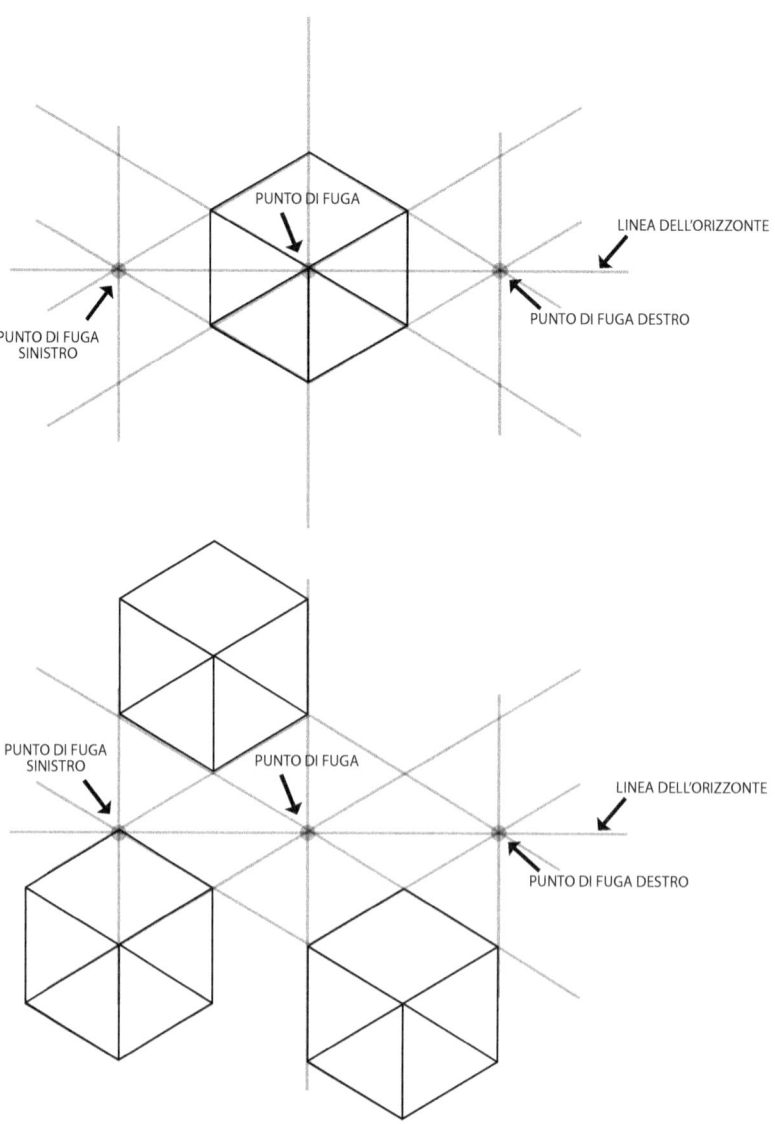

Disegno di oggetti complessi e ambienti

Disegnare un edificio

1. Base dell'edificio: disegna la base dell'edificio come un rettangolo che convergerà verso i punti di fuga.
2. Aggiunta di dettagli: disegna le finestre, le porte e altri dettagli, assicurandoti che tutte le linee orizzontali e verticali convergano correttamente.
3. Prospettiva del tetto: per il tetto, disegna linee guida aggiuntive che convergono verso i punti di fuga per creare l'illusione della profondità.

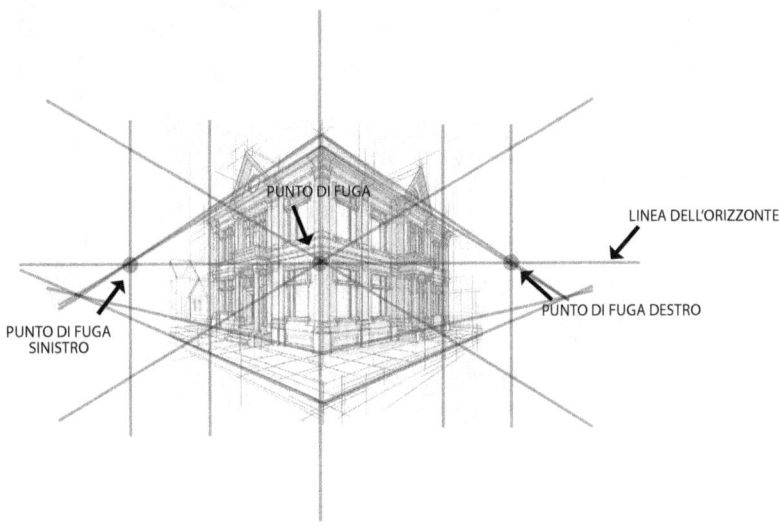

Creare un ambiente completo

1. Schema generale: disegna uno schema generale dell'ambiente, come una strada con edifici ai lati.

Tutti gli elementi devono seguire le regole della prospettiva dal punto di fuga e la prospettiva a due punti.

2. Aggiunta di dettagli: aggiungi dettagli come alberi, lampioni e persone, assicurati che tutti gli elementi rispettino i punti di fuga.
3. Luci e ombre: aggiungi luci e ombre per aumentare il realismo della scena.

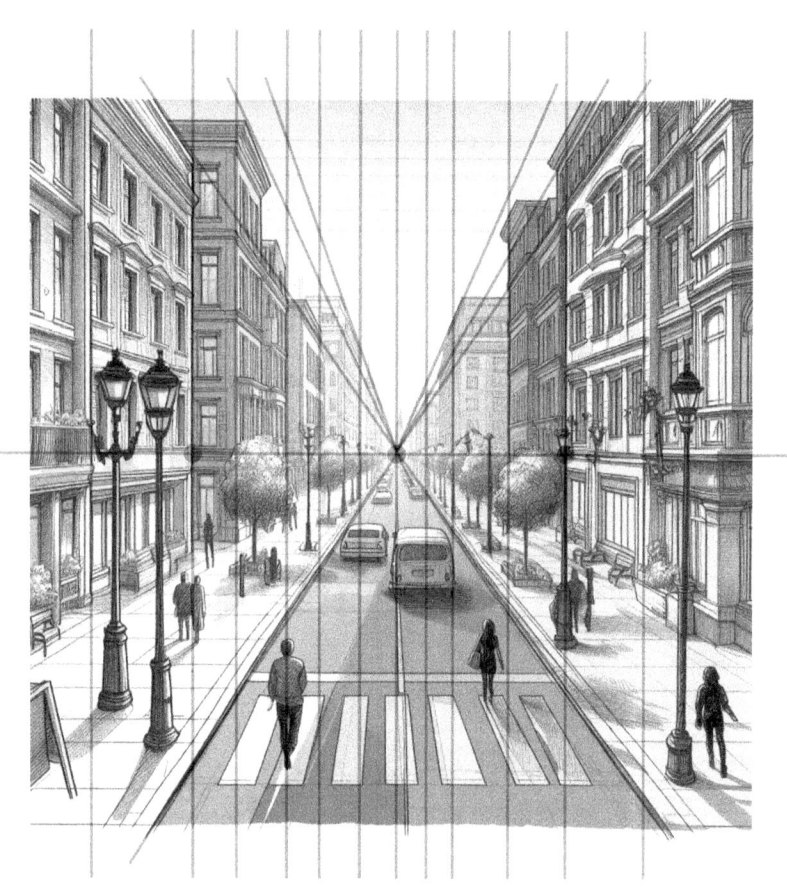

4.3 Prospettiva atmosferica

La prospettiva atmosferica, o prospettiva aerea, è una tecnica utilizzata per creare l'illusione di profondità e distanza nei disegni e nei dipinti.

Questa tecnica si basa sull'osservazione che gli oggetti distanti appaiono meno nitidi e più blu o grigi a causa dell'effetto dell'atmosfera.

Esploreremo come utilizzare i valori tonali per creare profondità nei tuoi disegni, con un focus su esercizi pratici con paesaggi.

Utilizzo dei valori tonali per creare profondità
- Valori tonali: i valori più chiari rappresentano le aree illuminate, mentre i valori più scuri rappresentano le aree in ombra. Nella prospettiva atmosferica, gli oggetti più vicini hanno una gamma tonale più ampia e contrasti più forti, mentre gli oggetti più lontani appaiono più chiari e con meno contrasto.
- Sfocatura e nitidezza: gli oggetti vicini sono più dettagliati e nitidi, mentre quelli distanti sono più sfocati. Questo effetto si ottiene riducendo i dettagli e ammorbidendo i contorni degli oggetti lontani.
- Colori e saturazione: la prospettiva atmosferica non riguarda solo i valori tonali, ma anche i colori. Gli oggetti vicini hanno colori più saturi e vivaci, mentre quelli lontani appaiono più desaturati e tendono al blu o al grigio.

Questo fenomeno è causato dalla diffusione della luce nell'atmosfera.

Esercizi pratici con paesaggi

Per comprendere appieno la prospettiva atmosferica, è utile fare pratica con paesaggi, dove l'effetto è particolarmente evidente.

Esercizio 1: Paesaggio montuoso

- Preparazione

Prendi una foto di riferimento di un paesaggio montuoso, preferibilmente con più piani di profondità (ad esempio, una serie di montagne che si allontanano all'orizzonte).

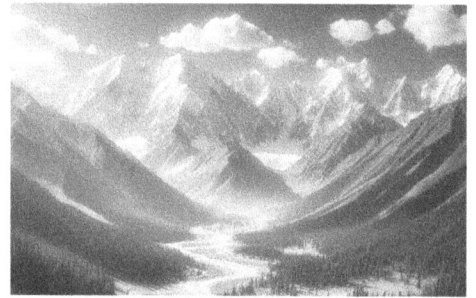

- Schizzo iniziale

Fai un rapido schizzo dei contorni principali del paesaggio. Non preoccuparti dei dettagli in questa fase.

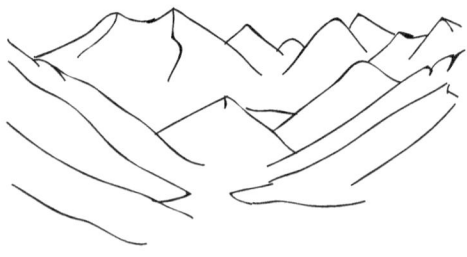

- Valori tonali

Usa una scala di grigi per definire i valori tonali. Le montagne più vicine dovrebbero avere il valore tonale più scuro e dettagli nitidi. Le montagne più lontane dovrebbero essere più chiare e meno dettagliate.

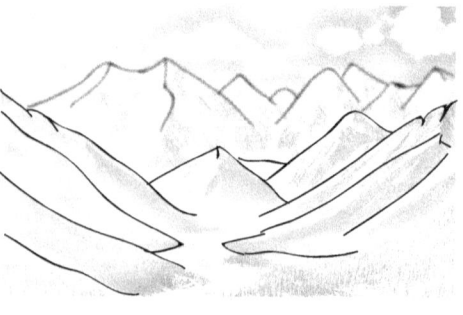

- Sfocatura e nitidezza
Sfoca leggermente i contorni delle montagne lontane per creare l'effetto di distanza. Mantieni i contorni delle montagne vicine nitidi e dettagliati.

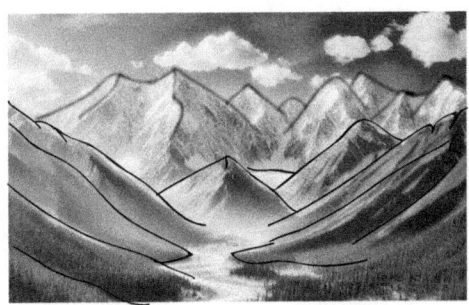

- Colorazione (se applicabile)
Per un disegno a colori, usa colori più saturi per le montagne vicine. Riduci la saturazione e aggiungi una tonalità blu o grigia per le montagne lontane.

Esercizio 2: Paesaggio urbano
- Preparazione
Seleziona una foto di riferimento di un paesaggio urbano con vari edifici che si estendono verso l'orizzonte.

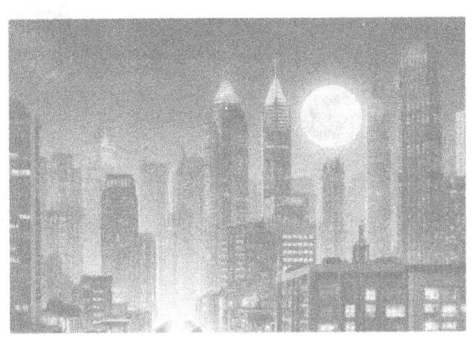

- Schizzo iniziale
Disegna i contorni principali degli edifici.
Concentrati sulla composizione generale.

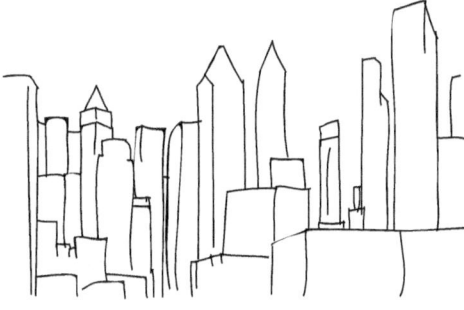

- Valori tonali
Gli edifici vicini dovrebbero avere ombre più scure e luci più brillanti.
Gli edifici lontani avranno un valore tonale medio, con meno contrasto.

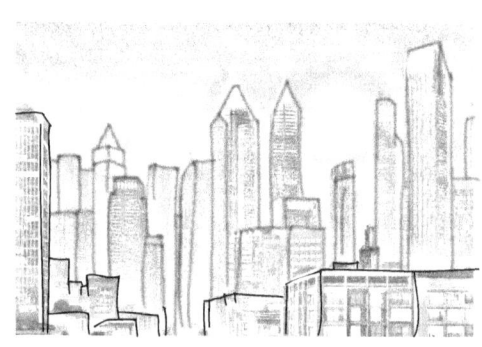

- Sfocatura e nitidezza
Sfoca leggermente gli edifici in lontananza.
Dettaglia gli edifici vicini con precisione.

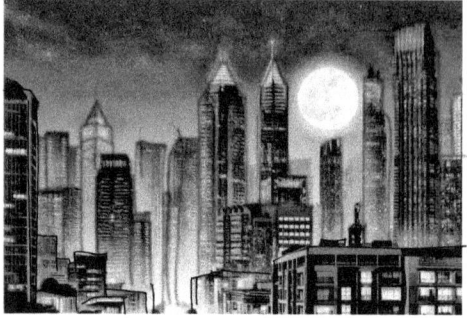

- Colorazione (se applicabile)
Usa colori vivaci per gli edifici vicini.
Desatura i colori e aggiungi un leggero tono più scuro per gli edifici lontani.

Consigli pratici
Osservazione diretta
Passa del tempo osservando paesaggi reali. Nota come i colori e i dettagli cambiano con la distanza.

Sperimentazione
Non avere paura di sperimentare con diverse tecniche e strumenti. Prova diverse combinazioni di valori tonali e colori per vedere cosa funziona meglio.

Capitolo 5: disegno di oggetti e natura morta

5.1 Disegno di oggetti quotidiani

Il disegno di oggetti e natura morta rappresenta un'importante disciplina nelle arti visive, focalizzata sulla rappresentazione accurata di oggetti inanimati e composizioni di elementi naturali o manufatti. Questa parte e' dedicata al disegno di oggetti quotidiani, si concentra sull'analisi delle texture e dei dettagli di oggetti comuni, nonché sull'esecuzione di esercizi pratici mirati a sviluppare le capacità tecniche.

Studio delle texture e dei dettagli

Le texture sono le caratteristiche superficiali degli oggetti che definiscono come appaiono e come interagiscono con la luce. Nel disegno di oggetti quotidiani, imparerai ad osservare e rappresentare una vasta gamma di texture, che possono includere il metallo, la ceramica, il tessuto, il legno, la carta, la plastica, tra gli altri materiali. Comprendere come disegnare queste texture richiede la capacità di osservazione dettagliata e la padronanza delle tecniche di disegno per rendere realistiche le differenze di superficie.

Oltre alle texture, i dettagli includono elementi specifici come riflessi, rughe, crepe, graffi, segni di usura e altre caratteristiche uniche degli oggetti. L'attenzione ai dettagli è cruciale per rendere gli oggetti convincenti e realistici nel disegno.

Esercizi su oggetti di uso quotidiano

Gli esercizi pratici possono includere diversi metodi.

- Osservazione diretta

Osserva oggetti intorno a te con attenzione, notando non solo la loro forma generale ma anche le caratteristiche più minute.

- Studio della luce e dell'ombra

Pratica il disegno degli oggetti sotto diverse fonti di luce per comprendere come l'illuminazione influisce sulla percezione delle texture e dei dettagli.

- Analisi delle texture

Gli esercizi possono concentrarsi su oggetti specifici per esplorare come disegnare e rendere le diverse texture, usando matite, carboncini, pastelli o altre tecniche di disegno.

- Composizione artistica

Creare composizioni di oggetti quotidiani che non solo esercitino la capacità di disegno ma che abbiano anche un valore estetico artistico, considerando il bilanciamento, la disposizione e l'interazione degli oggetti nella composizione.

Importanza dell'esercizio

Questi esercizi non solo aiutano a sviluppare le abilità tecniche nel disegno, ma anche a migliorare la capacità di osservazione e comprensione delle caratteristiche fisiche degli oggetti. Il disegno di oggetti quotidiani e natura morta serve anche come base per l'apprendimento delle tecniche artistiche fondamentali, preparando a gestire sfide più complesse nell'arte del ritratto, del paesaggio e dell'arte concettuale.

5.2 Composizione di una natura morta

Una natura morta è un tipo di dipinto, disegno o fotografia che rappresenta oggetti inanimati, come frutta, fiori, utensili domestici, e altri oggetti quotidiani. Ecco alcuni concetti chiave.

Composizione e bilanciamento degli elementi
Composizione
La composizione si riferisce alla disposizione degli oggetti all'interno del quadro. Un buon compositore di una natura morta cerca di guidare lo sguardo dello spettatore attraverso il dipinto in modo interessante e significativo. Alcuni principi di composizione comuni includono:

- Punto focale

Un punto focale può essere un oggetto principale o un'area che attira subito l'attenzione. Posizionare il punto focale in un punto strategico può rendere la composizione più dinamica.

- Regola dei terzi

Dividere l'immagine in terzi orizzontali e verticali e posizionare gli elementi principali lungo queste linee o nelle loro intersezioni può creare un equilibrio visivo.

- Equilibrio

L'equilibrio si riferisce alla distribuzione visiva del peso degli oggetti all'interno dell'immagine. Esistono due tipi principali di equilibrio.

Nell'equilibrio simmetrico gli oggetti sono disposti in modo simmetrico rispetto a un asse centrale, creando una sensazione di stabilità e calma.

Nell'equilibrio asimmetrico gli oggetti sono disposti in modo non simmetrico, ma il peso visivo è distribuito in modo equo, creando un equilibrio dinamico e interessante.

Bilanciamento degli elementi

Il bilanciamento degli elementi si riferisce alla distribuzione visiva degli oggetti in modo che nessuna parte dell'immagine sembri pesante o vuota. Ci sono diversi modi per bilanciare una composizione.

E' possibile utilizzare contrasti di colore, forma, dimensione o luci e ombre per bilanciare gli oggetti all'interno dell'immagine.

Ripetere forme, colori o pattern può creare un senso di coesione e bilanciare l'immagine. Organizzare gli oggetti in modo che alcuni siano più accentuati di altri può aiutare a stabilire una gerarchia visiva e a bilanciare la composizione.

Disegno di una natura morta con vari oggetti

Quando si disegna una natura morta, è importante considerare:

- Selezione degli oggetti

Scegliere oggetti interessanti e vari può arricchire la composizione.

Gli oggetti possono avere significato simbolico o estetico.

- Disposizione degli oggetti

Sperimentare con diverse disposizioni degli oggetti prima di iniziare a disegnare può aiutare a trovare la composizione più efficace.

- Luce e ombra

La gestione delle luci e delle ombre è cruciale per rendere gli oggetti tridimensionali e realistici. Contribuisce a creare atmosfera e profondità nell'immagine.

- Materiali e tecniche artistiche

Scegliere i materiali e le tecniche giuste dipende dal risultato desiderato. Ad esempio, matite, pastelli, acquerelli o tecniche miste possono essere utilizzati per creare diversi effetti visivi.

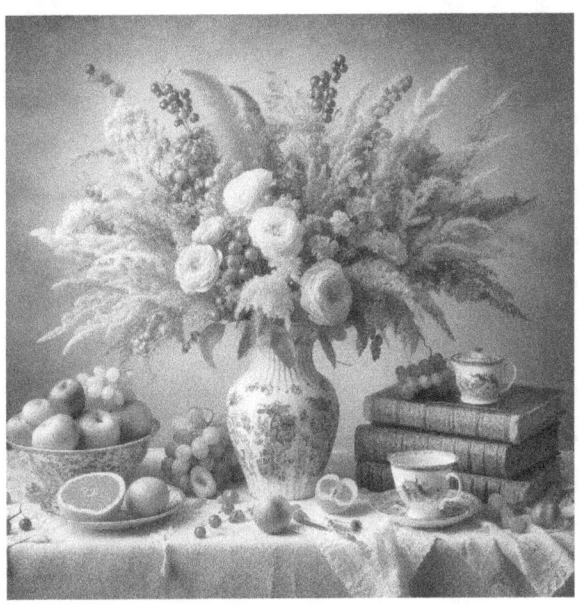

In sintesi, la composizione di una natura morta non riguarda solo la disposizione degli oggetti, ma anche la loro relazione visiva, il bilanciamento degli elementi e l'uso creativo della luce e delle ombre. Questi principi aiutano a trasformare una scena quotidiana in un'opera d'arte significativa e esteticamente piacevole.

5.3 Colore in natura morta

L'utilizzo del colore é molto importante nella rappresentazione di nature morte. Il colore gioca un ruolo fondamentale nella natura morta, poiché può aggiungere profondità, realismo e emozione al lavoro artistico.

Introduzione ai colori e alle tecniche di colorazione

La teoria del colore è essenziale per comprendere come funzionano i pigmenti, le combinazioni cromatiche e come interagiscono nella rappresentazione visiva. Gli artisti devono conoscere i concetti di tonalità, saturazione, luminosità e la ruota dei colori per creare una tavolozza equilibrata e armoniosa.
Le tecniche di colorazione possono variare da sfumature delicate ad applicazioni più audaci e vibranti, a seconda dell'effetto desiderato.

Utilizzo del colore per migliorare il disegno

Il colore può essere utilizzato per enfatizzare forme, creare contrasto, suggerire profondità e trasmettere emozioni. Ad esempio, l'utilizzo di colori caldi come il rosso e l'arancione può aggiungere calore e vitalità alla natura morta, mentre tonalità fredde come il blu e il verde possono dare una sensazione di freschezza e tranquillità. Inoltre, la scelta accurata dei colori e la loro disposizione possono guidare l'occhio dello spettatore attraverso la composizione e creare un senso di equilibrio visuale.
Migliorare il disegno tramite il colore richiede pratica e sperimentazione per ottenere risultati efficaci.
Gli artisti devono considerare la luce e l'ombra, la prospettiva e la dimensione degli oggetti per applicare il colore in modo realistico e convincente. L'uso sapiente del colore può trasformare una semplice natura morta in un'opera d'arte vibrante e coinvolgente.

Capitolo 6: disegno del corpo umano

6.1 Anatomia di base

In questa sezione si affrontano due temi cruciali per rappresentare con successo il corpo umano: le proporzioni anatomiche corrette e il disegno di figure stilizzate.

Proporzioni del corpo umano

Le proporzioni del corpo umano sono fondamentali per creare disegni realistici e credibili. Gli artisti devono comprendere come le diverse parti del corpo umano si relazionano tra loro in termini di dimensioni e rapporti, poiché ciò influisce sull'aspetto complessivo di una figura. Ad esempio, la testa umana viene spesso utilizzata come unità di misura per determinare le proporzioni del corpo intero. Conoscere le proporzioni anatomiche corrette aiuta gli artisti a evitare distorsioni e a rendere le figure più realistiche.

Le proporzioni del corpo umano sono un argomento importante nella scienza dell'anatomia e dell'arte. Questo concetto è stato studiato da diversi artisti, scienziati, medici e anatomisti nel corso della storia per rappresentare accuratamente il corpo umano in opere artistiche o per comprendere meglio la struttura e il funzionamento del corpo umano.

Una delle misure più note e utilizzate per stabilire le proporzioni del corpo umano è il cosiddetto "canone" di Vitruvio. L'uomo Vitruviano di Leonardo da Vinci rappresenta il canone di proporzioni perfette dell'essere umano secondo gli scritti dell'architetto romano Vitruvio. Secondo Vitruvio, esistono specifici rapporti e misure ideali per individuare le corrette proporzioni del corpo umano. Leonardo da Vinci si è basato su questi canoni proporzionali per creare il suo celebre disegno, che inscrive il corpo umano in un cerchio e in un quadrato, simboleggiando la centralità dell'uomo come misura di tutte le cose.

Il disegno mostra il corpo umano in posizione centrale, con le braccia e le gambe estese, inscritto in una figura geometrica perfetta, a rappresentare l'armonia delle proporzioni vitruviane.

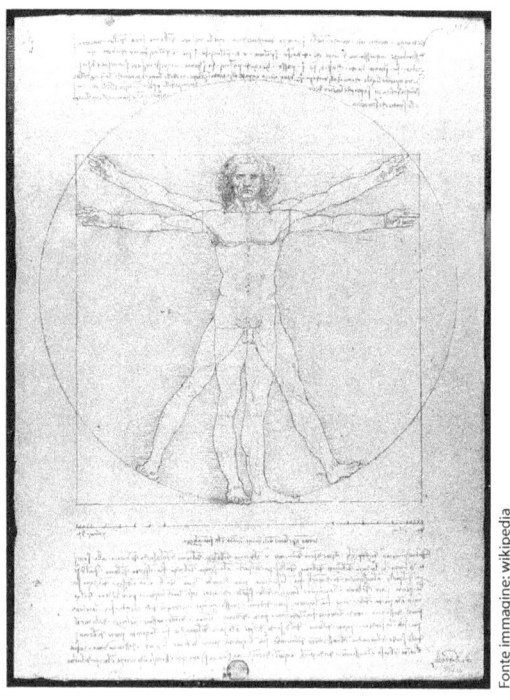

Fonte immagine: wikipedia

Altri approcci per determinare le proporzioni del corpo umano includono l'utilizzo di misure relative, ad esempio la testa come unità di misura per il corpo intero. Secondo questo metodo, una persona media è alta circa sette-otto teste. Le proporzioni del corpo umano variano da persona a persona a causa di fattori come età, sesso, genetica e background etnico. Tuttavia, esistono alcune proporzioni generali che sono considerate esteticamente piacevoli e armoniose. Ad esempio, la larghezza delle spalle è solitamente circa due volte la larghezza del bacino, e la lunghezza delle gambe è spesso pari a circa la metà dell'altezza totale.

Disegno passo-passo di un corpo umano in proporzione

Disegnare un corpo umano in proporzione può essere facilitato utilizzando la testa come unità di misura. Questo metodo è molto utile per garantire che le varie parti del corpo siano proporzionate tra loro.

Passaggi per disegnare un corpo femminile

Testa e colonna vertebrale
1. Disegna un ovale per la testa.
2. Traccia una linea verticale che scende dalla testa per rappresentare la colonna vertebrale.

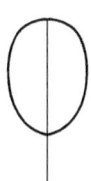

Spalle e torace
1. Disegna una linea orizzontale di circa due teste di larghezza per le spalle.
2. Disegna un ovale per rappresentare il torace.

Ombelico e bacino
1. Traccia una linea orizzontale a circa tre teste dalla sommità della testa per l'ombelico.
2. Disegna un ovale sotto il torace, largo circa una testa e mezza, per il bacino.

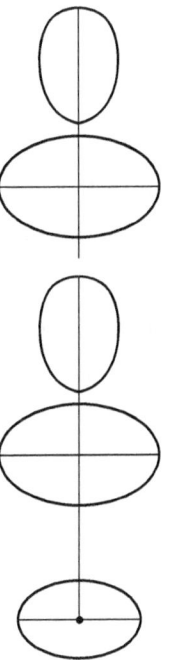

Braccia

1. Disegna le braccia estese fino a circa tre teste e mezza dalla spalla.
2. Le mani dovrebbero essere lunghe circa metà testa.

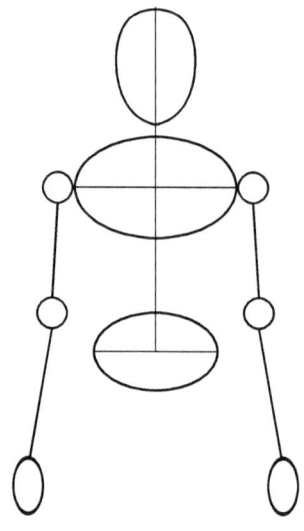

Gambe e piedi

1. Le cosce, dalla parte superiore del femore fino al ginocchio, sono lunghe circa due teste.
2. Le gambe, dal ginocchio alla caviglia, sono lunghe circa due teste.
3. I piedi sono larghi circa meta' testa.

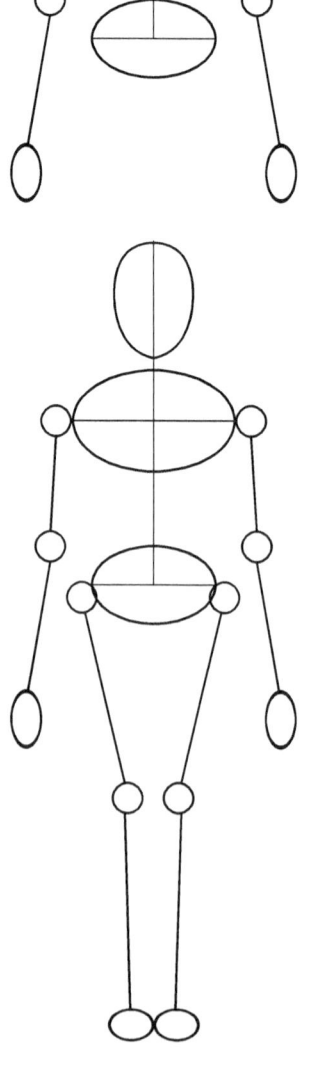

Passaggi per disegnare un corpo maschile

Testa e colonna vertebrale
1. Disegna un ovale per la testa.
2. Disegna una linea verticale che attraversa il centro del cerchio e scende giù. Questa sarà la guida per la colonna vertebrale.

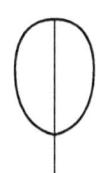

Bacino e linea delle spalle
1. Disegna un ovale per il bacino, posizionato circa quattro teste sotto la sommità della testa.
2. Disegna una linea orizzontale per le spalle, che sarà larga circa due-tre teste.

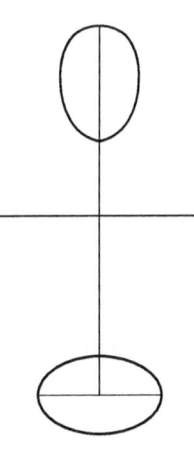

Torace
1. Disegna un ovale più largo per rappresentare il torace, intorno alla linea delle spalle.

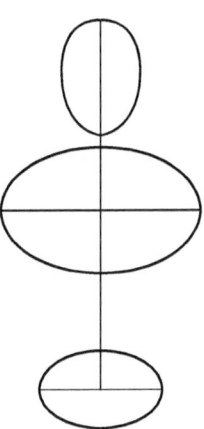

Braccia

1. Disegna le braccia estese fino a circa tre teste e mezza dalla spalla.
2. Le mani dovrebbero essere lunghe circa metà testa.

Gambe

1. Le cosce, dalla parte superiore del femore fino al ginocchio, sono lunghe circa due teste.
2. Le gambe, dal ginocchio alla caviglia, sono lunghe circa due teste.
3. I piedi sono larghi circa meta' testa.

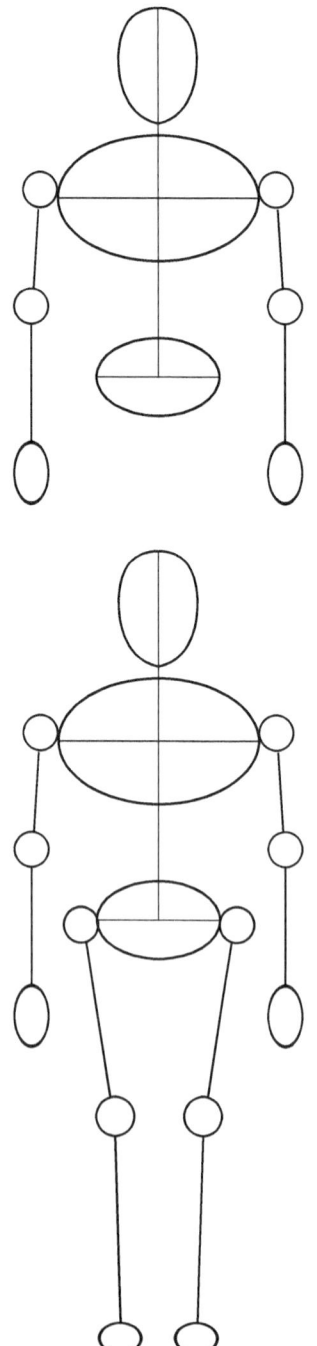

Disegno di figure stilizzate

Il disegno di figure stilizzate consiste nel semplificare o alterare le proporzioni e le caratteristiche del corpo umano per creare un'estetica artistica unica e stilizzata. Questo approccio permette agli artisti di esprimere concetti o emozioni in modo più astratto e creativo, rompendo con le tradizionali rappresentazioni realistiche. Le figure stilizzate possono essere utilizzate per dare vita a personaggi fantastici, illustrare concetti simbolici o semplicemente per aggiungere personalità ai disegni.

Questa tipologia di disegno è un approccio artistico che consiste nel rappresentare le forme umane o oggetti in modo semplificato ed esagerato, spesso distorcendo proporzioni e dettagli per creare un'interpretazione essenziale o emblematica della realtà. Questo stile di disegno è comunemente utilizzato nell'arte, nel design grafico, nell'animazione e nella comunicazione visiva per esprimere concetti, emozioni o idee in modo distintivo e originale.

Nel disegno di figure stilizzate, l'artista cerca di catturare l'essenza o il carattere distintivo di un soggetto riducendo le sue caratteristiche a forme semplici e linee chiare. Questo può includere l'eliminazione di dettagli non essenziali, l'accentuazione di particolari tratti fisici o l'uso di forme geometriche e schemi stilizzati per rappresentare il soggetto.

Le figure stilizzate possono essere utilizzate per comunicare concetti complessi in modo immediato e diretto, evitando di sovraccaricare l'osservatore di informazioni visive superflue. Questo tipo di disegno è ampiamente utilizzato per la creazione di icone, loghi, fumetti, cartoni animati e illustrazioni d'arte contemporanea.

Nella creazione di figure stilizzate, l'artista ha la libertà di interpretare e manipolare le forme e le proporzioni a proprio piacimento, creando così uno stile unico e riconoscibile. Questo approccio artistico permette di esplorare la creatività e di sperimentare con nuove forme espressive, contribuendo a sviluppare un linguaggio visivo personale e distintivo.

Il disegno di figure stilizzate richiede una buona comprensione delle proporzioni e della struttura di base del soggetto rappresentato, nonché una sensibilità artistica per comunicare efficacemente attraverso forme semplificate.

Questo stile artistico può essere una fonte di ispirazione e un mezzo versatile per esplorare la creatività e esprimere idee in modo unico e accattivante.

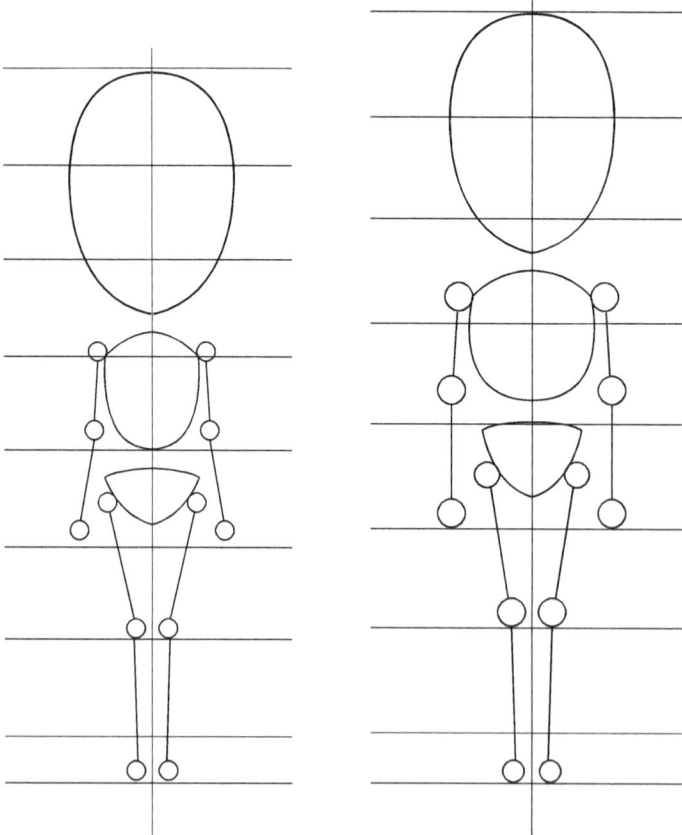

Esempio di figura stilizzata femminile   Esempio di figura stilizzata maschile

6.2 Studio delle parti del corpo

Lo studio delle parti del corpo umano è cruciale per gli artisti, che cercano di comprendere la struttura e le caratteristiche di queste parti per scopi diversi. Ecco alcuni punti focali relativi allo studio delle parti del corpo umano.

Disegno delle mani, dei piedi e del viso

Le mani, i piedi e il viso sono parti del corpo spesso difficili da disegnare a causa della loro complessità anatomica e delle numerose espressioni che possono assumere. Gli artisti studiano attentamente le proporzioni, i dettagli e i movimenti di queste parti per creare ritratti e figure realistiche.

Esercizi pratici per ogni parte del corpo

Questi esercizi possono includere disegni a mano libera, studi di proporzioni, esercizi di rilievo, tecniche di schizzo rapido, studio delle espressioni facciali, movimenti delle mani e dei piedi, e altro ancora. Per esempio, gli artisti possono fare esercizi di disegno di mani in diverse pose e espressioni.

Per migliorare la padronanza nel disegno delle mani, dei piedi e del viso, è consigliabile svolgere una serie di esercizi pratici mirati.

Mani

Per disegnare il dorso della mano, possiamo utilizzare la suddivisione in due blocchi principali: il palmo/dorso e le dita. Seguendo una struttura geometrica semplice, possiamo assicurare che le proporzioni siano corrette.

1. Disegnare il dorso della mano
- Forma del dorso: disegna un esagono irregolare per rappresentare il dorso della mano. Questo esagono dovrebbe essere più largo in alto (vicino alle dita) e più stretto in basso (vicino al polso) (Fig.1).
2. Disegnare le dita
- Posizionamento delle dita: dividi la parte superiore del dorso in cinque sezioni per rappresentare le basi delle dita (Fig.1).
- Articolazioni delle dita: disegna le dita come segmenti che si allineano in un susseguirsi di linee. Ogni dito ha tre falangi (segmenti), eccetto il pollice che ne ha solo due (Fig.1).
3. Raffinamento delle dita
- Falangi delle dita: aggiungi dettagli alle dita disegnando le tre falangi (segmenti) per ciascuna. Il pollice, invece, avrà solo due falangi (Fig.2).
- Unghie: aggiungi le unghie come piccole forme curve sulla punta di ogni dito (Fig.2).

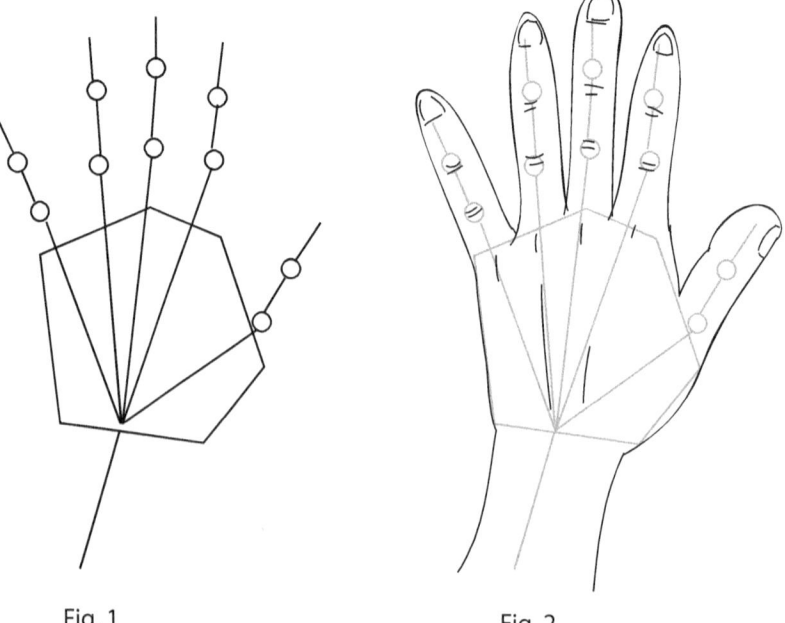

Fig. 1 Fig. 2

1. Disegnare il palmo della mano

- Forma di base: disegna un esagono irregolare che rappresenta il palmo della mano. Gli angoli e i lati non devono essere perfettamente uguali; l'importante è ottenere una forma che ricordi vagamente un esagono.
- Centro del palmo: segna un punto centrale all'interno dell'esagono. Questo sarà utile per posizionare le dita e per rappresentare il rettangolo che rappresenta il carpo (Fig.1).

2. Disegnare le dita

- Articolazioni delle dita: disegna le dita come segmenti che si allineano in un susseguirsi di linee. Ogni dito ha tre falangi (segmenti), eccetto il pollice che ne ha solo due (Fig.1).

3. Raffina le dita e il pollice

- Forma delle dita: aggiungi la forma delle dita attorno le linee. Ricorda che le dita sono più larghe alla base e si restringono verso la punta (Fig.2).

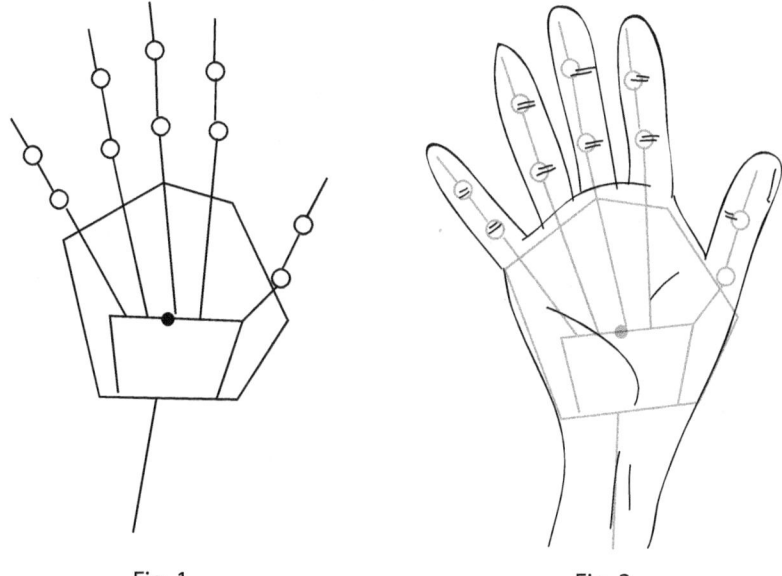

Fig. 1 Fig. 2

Seguendo queste strutture allenati disegnando le mani in varie posizioni.

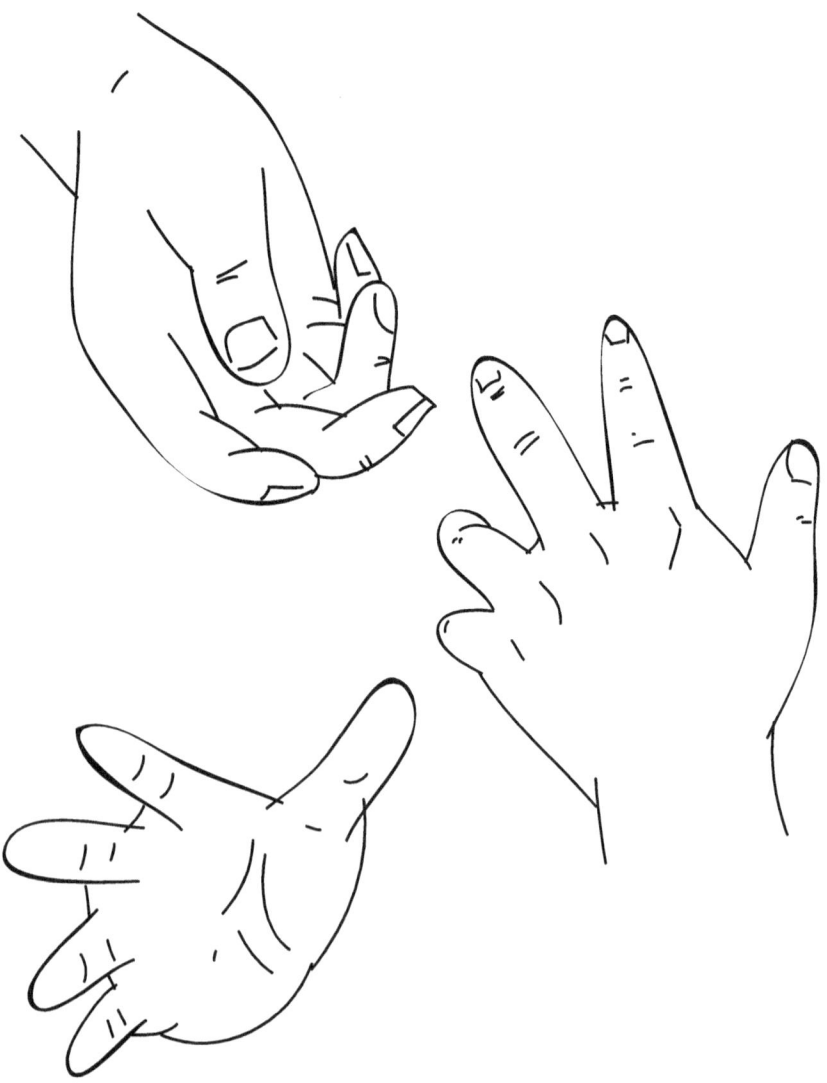

Piedi

Visione dal basso

Disegnare i piedi visti dal basso richiede un'attenzione particolare ai cuscinetti che proteggono le articolazioni e alla forma generale della pianta del piede. Di seguito, ti guiderò passo-passo nel processo di disegno dei piedi da questa prospettiva.

1. Disegna la forma di base

- Forma di base: inizia disegnando una forma allungata e ovale che rappresenta la forma del piede. Questa forma dovrebbe essere più stretta verso il tallone e più larga verso le dita (Fig.1).

- Dividi in sezioni: dividi l'ovale in sezioni che rappresentano la parte delle dita, l'arco plantare e il tallone (Fig.2).

2. Aggiungi i cuscinetti

- Cuscinetti delle dita: disegna piccoli ovali nella parte anteriore per rappresentare i cuscinetti sotto le dita (Fig.2).

- Cuscinetto del tallone: disegna un grande ovale nella parte posteriore per il cuscinetto del tallone (Fig2.).

- Cuscinetto plantare: disegno un ovale per il cuscinetto plantare (Fig.2).

3. Dettaglia le aree

- Area interna: evidenzia l'area interna del piede che non tocca terra, ossia l'arco plantare (Fig.3).

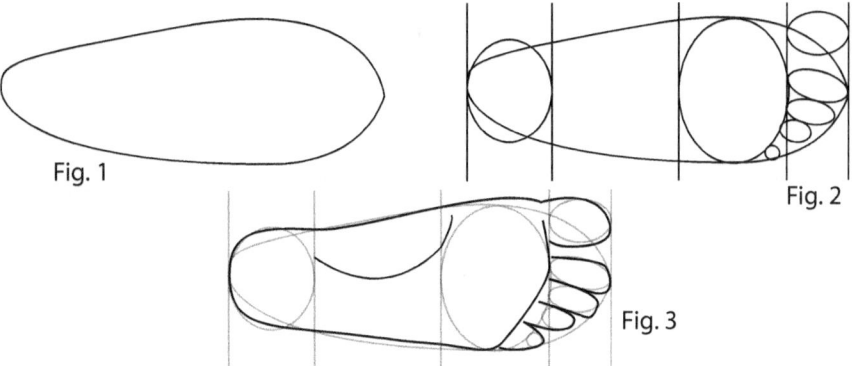

Fig. 1

Fig. 2

Fig. 3

Visione dall'alto

Per disegnare i piedi dalla visione dall'alto, dobbiamo comprendere la loro struttura e forma. I piedi tendono ad allargarsi verso la punta e le dita sono allineate in un arco discendente. Possiamo suddividere il piede in tre volumi distinti: tarso, metatarso e dita. Inoltre, ogni dito ha tre falangi tranne l'alluce che ne ha due.

1. Disegna la forma di base

- Forma di base: inizia disegnando una forma simile a una "pera" allungata che rappresenta il piede. La parte più stretta rappresenta il tallone e la parte più larga rappresenta la zona delle dita (Fig.1).
- Dividi in sezioni: divide la "pera" in tre sezioni per rappresentare il tarso, metatarso e le dita (fig.2).

2. Aggiungi le dita

- Dita: disegna un arco discendente che allinea le dita. Ricorda che l'alluce ha due falangi, mentre le altre dita ne hanno tre (Fig.2).
- Segmenti delle dita: disegna segmenti per ogni dito (Fig.3).

3. Dettaglia le aree del piede

- Tarso e metatarso: aggiungi dettagli ai volumi del tarso e del metatarso (Fig.4).
- Dita: raffina la forma delle dita aggiungendo le articolazioni e le falangi (Fig.4).

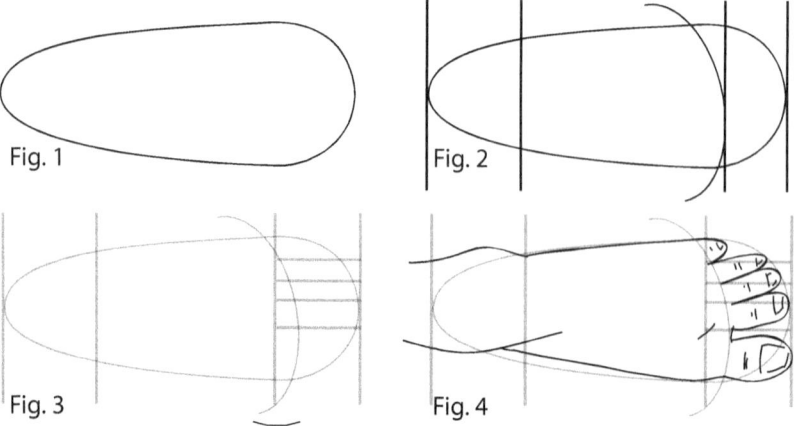

Seguendo queste strutture allenati disegnando i piedi in varie posizioni.

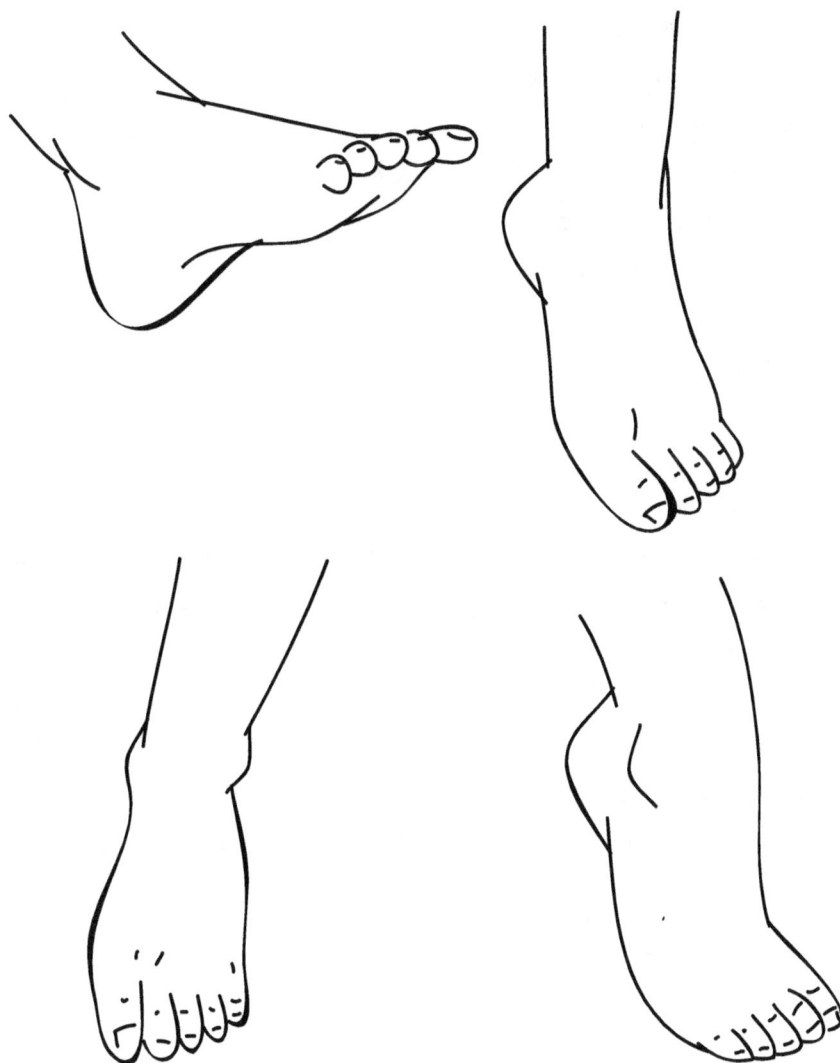

Viso

Disegnare un volto in visione frontale richiede una struttura di base per garantire simmetria e proporzioni corrette. Ecco una guida passo-passo.

1. Disegna la struttura di base
- Cerchio della testa: disegna un cerchio che rappresenti la parte superiore della testa (Fig.1).
- Linea del mento: estendi una linea verticale dal centro del cerchio verso il basso per definire la lunghezza del volto (Fig.1).
- Aggiungi una curva alla base per rappresentare il mento, creando così una sorta di ovale (Fig.2).

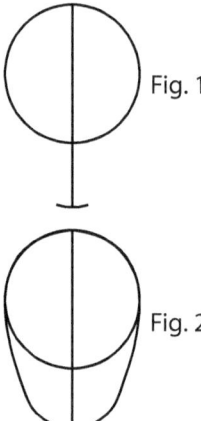

2. Linee guida per occhi, sopracciglia, naso e bocca
- Linea degli occhi e delle sopracciglia: dividi l'ovale in due metà con una linea orizzontale. Questa sarà la linea degli occhi. Sopra disegna un'altra linea, questa sara' la linea delle sopracciglia.
- Linea del naso: dividi la parte inferiore dell'ovale in due parti uguali con una linea orizzontale. Questa sarà la linea del naso.
- Linea della bocca: dividi ulteriormente la parte inferiore dell'ovale (sotto la linea del naso) in due parti con una linea orizzontale. Questa sarà la linea della bocca.

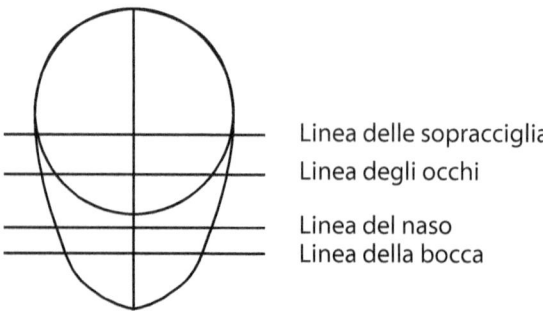

3. Posiziona gli occhi il naso e la bocca
- Occhi: disegna due ovali lungo le linee degli occhi.
- Naso: disegna il naso lungo la linea del naso, centrato verticalmente.
- Bocca: disegna la bocca lungo la linea della bocca, con gli angoli che coincidono con il centro degli occhi.

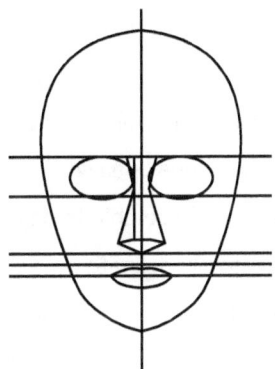

4. Posiziona le orecchie
- Orecchie: le orecchie sono collocate tra la linea delle sopracciglia e la base del naso.

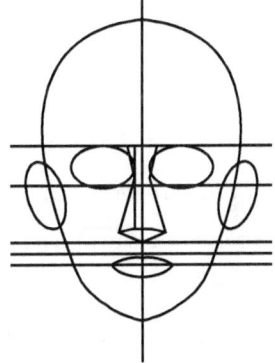

Disegnare un volto in visione a 3/4
Disegnare un volto in visione a 3/4 richiede un approccio leggermente diverso rispetto alla visione frontale, poiché bisogna considerare l'angolazione del viso. Ecco una guida passo passo per aiutarti a realizzare il tuo disegno.

1. Forma della testa

Inizia con un cerchio leggero per rappresentare la parte superiore della testa (Fig.1).
Disegna una linea verticale curva che attraversi il cerchio in base a come vuoi che il volto sia inclinato .
Questa linea rappresenta l'asse del viso (Fig.1).
Aggiungi una curva alla base per rappresentare il mento (Fig.1), creando così una sorta ovale (Fig.2). Questo ovale sarà la base su cui costruire il resto del viso.

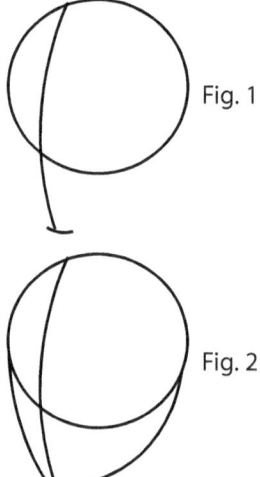

Fig. 1

Fig. 2

2. Linea degli occhi

Disegna una linea orizzontale leggermente curva che attraversi il cerchio, posizionandola in alto per segnare la posizione degli occhi.
Ricorda che in visione a 3/4, la linea degli occhi non sarà perfettamente orizzontale, ma leggermente curva per adattarsi alla prospettiva.

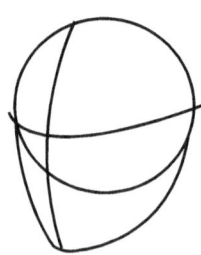

3. Posizionamento degli elementi del viso

Considerando l'angolazione, disegna le linee guida per il naso e la bocca.
Il naso sarà posizionato lateralmente rispetto all'asse centrale, la bocca seguirà la stessa logica.

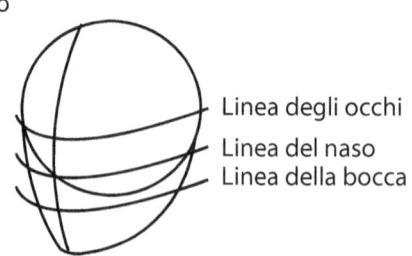

Linea degli occhi
Linea del naso
Linea della bocca

4. Occhi e orecchio

Gli occhi saranno posizionati sulla linea degli occhi, ma considera che l'occhio sul lato visibile sarà più grande e più dettagliato rispetto all'occhio sul lato opposto. Disegna un ovale per rappresentare l'orecchio, sarà collocato approssimativamente al centro della linea del naso.

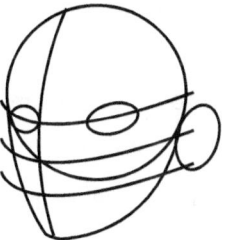

5. Dettagli e finitura

Aggiungi i dettagli come sopracciglia, labbra e altre caratteristiche distintive del volto. Assicurati di enfatizzare la profondità utilizzando toni e ombre per definire la forma del viso e rendere realistica la prospettiva a 3/4.

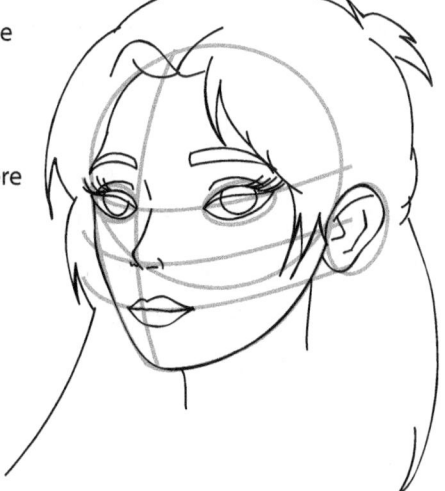

6. Rifinitura

Controlla che le proporzioni siano corrette e che il disegno rispecchi l'angolazione desiderata. Fai eventuali aggiustamenti necessari per bilanciare la prospettiva e assicurarti che il viso sembri coerente e proporzionato.

6.3 Figure in movimento

Disegno di pose dinamiche

Il disegno di pose dinamiche è un elemento essenziale per la rappresentazione artistica del movimento umano. Vediamo alcuni punti chiave che approfondiscono ulteriormente questo argomento.

Espressione del movimento
Le pose dinamiche consentono agli artisti di catturare l'azione e l'energia delle figure umane in modi che trasmettono un senso di movimento e vivacità. Le linee e le forme del disegno vengono utilizzate per esprimere fluidità e dinamicità, fornendo agli osservatori un'esperienza visiva coinvolgente. Attraverso pose studiate e ben realizzate, gli artisti possono creare opere che trasmettono un senso di azione e vitalità.

Studio del movimento del corpo umano
Un aspetto fondamentale nel disegno di pose dinamiche è lo studio approfondito del movimento del corpo umano. Gli artisti dedicano tempo a osservare il modo in cui il corpo si muove in diverse attività e situazioni. Questo studio li aiuta a comprendere la fluidità del movimento e a rappresentarlo in modo accurato nei loro disegni. L'osservazione diretta, lo studio di fotografie o video e l'analisi dettagliata dei movimenti corporei sono tutti metodi utilizzati per migliorare la rappresentazione del movimento.

Creazione di tensione e movimento
Le pose dinamiche sono in grado di comunicare tensione, azione e emozione ai suoi spettatori. Attraverso l'uso di linee, sfumature e contrasti, gli artisti possono creare composizioni visive che trasmettono efficacemente la sensazione di movimento e energia.

La scelta delle posture, dei punti focali e delle espressioni può contribuire a rendere le figure umane più realistiche e coinvolgenti, catturando così l'attenzione degli spettatori.

Studio del movimento e del bilanciamento
Lo studio del movimento e del bilanciamento è fondamentale per rappresentare il corpo umano in modo accurato e realistico. Ecco alcuni punti importanti che approfondiscono questo argomento.

Movimento e gestione dello spazio
Familiarizzare con i principi del movimento e della gestione dello spazio è importante per creare rappresentazioni dinamiche e realistiche. Conoscere come il corpo si sposta nello spazio tridimensionale, la direzione del movimento, il ritmo e la fluidità dei gesti sono aspetti cruciali per catturare l'essenza del movimento nelle opere d'arte. Capire come distribuire il peso e mantenere l'equilibrio attraverso una corretta postura contribuisce alla credibilità e alla naturalezza delle figure in movimento.

Forza e tensione muscolare
La comprensione della tensione muscolare e della contrazione dei muscoli durante il movimento è fondamentale per dare vita alle figure disegnate. Gli artisti devono studiare come i muscoli si attivano e si rilassano durante varie azioni e pose per rappresentare in modo accurato le tensioni muscolari e l'energia del movimento. Conoscere quale muscolo è responsabile di una particolare azione aiuta a rendere più credibile e realistica l'illustrazione.

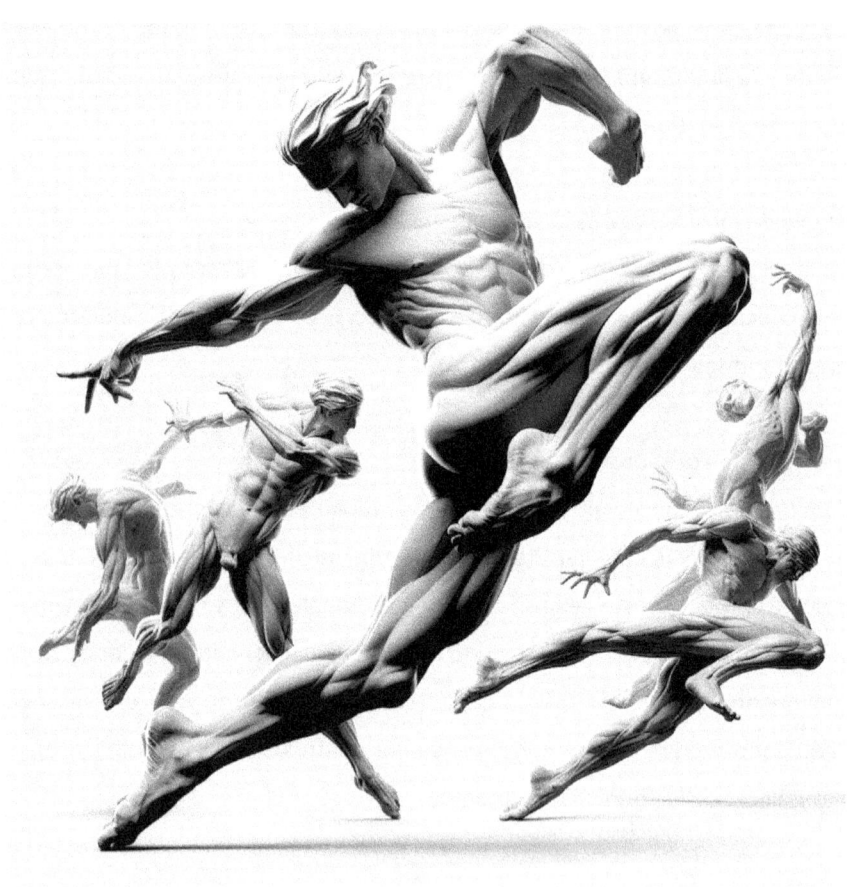

Attraverso esercizi pratici, studio anatomico e osservazione di persone in movimento, gli artisti possono affinare le proprie abilità nel disegnare pose dinamiche e nel rappresentare il movimento e il bilanciamento nella loro arte. Combinando la creatività con una solida comprensione della meccanica del movimento, si possono creare opere che trasmettono energia, emozione e vita alle figure rappresentate, migliorando così la qualità e l'impatto delle creazioni artistiche.

www.ingramcontent.com/pod-product-compliance
Lightning Source LLC
Chambersburg PA
CBHW070215230526

45471CB00002B/952